Elsbroek

Querschädel, Regenlöcher, Schlodderkappes

Ulrich Elsbroek

Querschädel, Regenlöcher, Schlodderkappes – wie das Münsterland wirklich ist.

Nebst Kommentaren, Einwürfen und Widerreden der Annette von Droste-Hülshoff.

OKTOBER VERLAG
Münster in Westfalen

Ulrich Elsbroek ist Germanist, lebt seit 1990 in Münster und arbeitet als Texter für Werbung und Öffentlichkeitsarbeit. Im Jahre 2007 hat er sein erstes Buch, den Kriminalroman »Tatort Skulpturenausstellung«, herausgegeben.

Weitere Informationen: www.elsbroektexte.de

Am Hawerkamp 31, 48155 Münster
www.oktoberverlag.de

Satz: Linna Grage
Umschlag: Tom van Endert
unter Verwendung eines Fotos von kallejipp/photocase.com

Druck: Books on Demand GmbH
In de Tarpen 42, 22848 Norderstedt

ISBN: 978-3-941895-05-8

Meinen Eltern

Liebe Leserin und lieber Leser,

kaum in unseren Landstrich hineingeboren, werden uns unsere Eigenheiten um die Ohren geschlagen: Stur seien wir, heißt es. Dauernd regne es, heißt es. Und noch immer künde der Kiepenkerl vom Wesen echten Münsterländertums.

Gut, dachte ich, gehe ich den Dingen auf den Grund. Was ist typisch münsterländisch und was nicht? Immer mit dabei: Unsere Nationaldichterin Fräulein Nette, die – ganz münsterländischer Querschädel – jeden meiner Texte auf ihre sehr eigene Art begleitet.

Ein Buch mit mal überraschenden, mal amüsanten, aber immer interessanten Fakten.

Viel Spaß bei der Lektüre!

Inhalt

Ein Querschädel vor dem Herrn

Volkscharakter

Götz Alsmann und Günther Jauch zum Trotz – wir Münsterländer sind stur und gehen zum Lachen in den Keller. Dieser unausrottbare Charakterzug hat – keine Frage – mit unserem Gründungsmythos zu tun.

Ohne Scherz – bei uns geht folgende Sage vom ersten aller Münsterländer: Als der liebe Gott und Petrus durch das Münsterland kamen, sahen sie, dass dort keine Menschen lebten. Da legte Petrus ein gutes Wort ein und sagte zu Gott, er solle für diesen Landstrich doch auch einen Menschenschlag schaffen. Wie zufällig lag da gerade eine alte Eichenwurzel auf dem Boden. Da stieß der liebe Gott mit seinem Fuß dran und sprach dabei: »Werde Mensch!« Da wurde der Knubben lebendig, rieb sich die Augen und fragte dann: »We stödd mi dao?«, was im Hochdeutschen auch nicht wirklich sympathischer wirkt: »Wer stößt mich da?«

Da haben wir in einem Fragesatz alles zusammengefasst, was uns ausmacht: Der Münsterländer ist trocken, humorlos, ziemlich kurz angebunden und ein Querschädel vor dem Herrn. Dieser, wie unsere Dichterin sagt, »Charakter von bald beschaulicher, bald in sich selbst arbeitender Abgeschlossenheit«; dieses, wie der Reiseführer von 1977 sagt, »herbe, verschlossene Wesen«; diese, wie der Auswärtige sagen würde, offenbare Raubauzigkeit – ja, sie zeichnet uns Münsterländer seit jeher aus.

Als die beiden Ewalde – zwei angelsächsische Missionare – um das Jahr 690 auf dem Weg in unser Siedlungsgebiet waren, um vor den Eingeborenen vom neuen christlichen Glauben zu künden, wurden sie ohne viel Federlesens erschlagen. We stödd mi dao? Als gegen Ende des 8. Jahrhunderts der Welschenkönig Karl der Große einen weiteren Versuch startete, uns zum christlichen Glauben zu bekehren, haben wir – We stödd mi dao? – immer wieder Aufstände angezettelt und dem Frankenherrscher immerhin über 30 Jahre gezeigt, was eine sächsische Harke ist. Und als im 16. Jahrhundert einige niederländische Eiferer die lendenlahmen, weil christlich gewordenen Münsterländer mit frischen Ideen und Vielweiberei aufmischten, war es ihnen auch wieder nicht recht. Die Wiedertäufer wurden mit glühenden Zangen öffentlich zu Tode gefoltert. We stödd mi dao?

So war er immer, der Münsterländer, und so wird er immer sein. In welcher Zeit er auch lebt – aus seinen derben, kartoffelfarbenen Klamotten, aus seinen Augen, ja aus seiner ganzen Haltung lugt der sture Knochen. Von 1000 offenliegenden Möglichkeiten, ein Problem zu lösen, ist ihm immer nur die eine präsent: die mit dem Kopf durch die Wand. Seine Gesichtszüge sind – wie das Wetter im Allgemeinen – wolkenverhangen. Seine Mundwinkel folgen konsequent der Anziehungskraft der Erde. Wenn sich zwei Münsterländer begegnen, zeigt sich die höchste Form freudigen Begrüßens in der Andeutung eines Kopfnickens. Sind sich umgekehrt zwei Münsterländer spinnefeind, so bedenken sie sich gegenseitig mit einem nur leicht wahrnehmbaren, dumpfen Murren, das irgendwo zwischen Brustkorb und Kehlkopf stecken bleibt. Sie sehen: Da der Münsterländer an sich kein Mensch großer Worte ist, benötigte er im Grunde keinen Mund, wenn ihn die Evolution – ebenfalls ein sturer Knochen – dem Münsterländer an sich nicht mitgegeben hätte. So hat dieser nun mal einen Mund und nutzt ihn vornehmlich zur Aufstellung goldener Worte, die – wie in die sprichwörtliche münsterländer

Eiche geschnitzt – sein Grundverhältnis zur Welt beschreiben, wie etwa: »Wat mot, dat mot« – vulgo: »Was sein muss, muss sein«.

Wer möchte, findet Bestätigung bei unserer Nationaldichterin, die sich selbst einmal als »widerhaarige Natur« bezeichnete. Alle Gepflogenheiten durchbrechend, sucht sie schon nach 7 Monaten das Licht der Welt, verwehrt sich mit 17 Jahren gegen die Bezeichnung »kleine Nette«, disputiert Verwandte wie Bekannte schwindlig, so dass sogar der große Wilhelm Grimm ärgerlich feststellte, dass mit dem jungen Reichsfräulein nicht gut fertig zu werden sei, nimmt es mit den Männer-dominierten Rollenvorgaben ihrer Zeit ebenso auf wie mit dem lieben Gott, bis sie gegen Ende ihres Lebens feststellt: »… es mag mir mitunter schaden, daß ich so starr meinen Weg gehe«.

Diese letzte Aussage war freilich dem Umstand geschuldet, dass der münsterländische Schriftsteller Levin Schücking, der wenige Jahre zuvor der innige, wenn auch platonische Geliebte von Fräulein Nette war und sich um die Veröffentlichung ihrer Gedichte kümmerte, sich schon mal die Freiheit herausnahm, an ihren Werken eigenmächtig Änderungen vorzunehmen. Das konnte das poetische Fräulein nicht dulden.

Man könnte diese Reaktion der Droste einerseits als durchaus verständlich durchgehen lassen, wenn sie sich andererseits nicht so wunderbar ins einmal gepinselte Bild vom sturen, eigensinnigen Münsterländer einfügte. Deshalb bleiben wir bei dem einmal gefassten Urteil: Der Münsterländer ist trocken, humorlos, ziemlich kurz angebunden und ein Querschädel vor dem Herrn.

Und damit basta!

Pumpernickel, nich Swatbraut
Münsterländer und Westfalen

Um ganz ehrlich zu sein: Der Mythos von der Erschaffung des ersten Münsterländers ist nur eine Geschichte – eine schöne, aber ausgedachte Geschichte. Und es geht mir nicht wirklich gut damit, wenn ich Ihnen ein weiteres Geheimnis verraten muss: Wir Münsterländer sind eigentlich keine eigene Spezies. Wir sind – nun ja – Westfalen.

Wer sind sie aber, diese Westfalen? Woher stammen sie?, so fragen wir uns und suchen die Antwort bei einer Dichterin, die zumindest in einer Hinsicht zwar nicht von den Jägern, aber umso mehr von den Sammlern abzustammen scheint. Was sie nicht alles mit großer Leidenschaft zusammenklaubte: »Mineralien, Versteinerungen, Muscheln, römische Münzen, geschnittene Steine, Pasten, geschliffene Edel- und Halbedelsteine, geschnitzelte Sachen in Elfenbein Holz et cet, auch allerley, meistens kleine, alte Kupferstiche, – ausgegrabne Urnen, Lampen et cet«, wie sie begeistert ihrem Onkel Carl von Haxthausen schrieb.

Aber um auch das noch zu verraten: Natürlich stammen wir nicht von den Jägern und Sammlern ab, zumindest nicht unmittelbar. Zwar schauten auch sie mal in unseren Landstrich hinein. Aber sie wollten – wie auch andere Völkerschaften – nicht auf Dauer bleiben. Das änderte sich erst mit dem 2. nachchristlichen Jahrhundert. Zu dieser Zeit begann das kleine Völkchen der Sachsen im südlichen Holstein zusehends unruhig zu werden und den Blick auf Landmassen zu richten, die der Eroberung harrten.

Mit großem Erfolg. Gegen Ende des 7. Jahrhunderts hatten wir Schwertgenossen nahezu den gesamten heutigen nordwestdeutschen Raum – von Arnheim im Westen bis Magdeburg im Osten, von Marsberg im Süden bis zur Nordseeküste – besiedelt. Damit fing aber der Ärger erst an. Denn aufgrund des Expansionsdranges waren die bald einsetzenden Auseinandersetzungen mit den weiter südwestlich siedelnden Franken nahezu unvermeidlich. Weit vor Karl dem Großen beginnend, kulminierten sie unter seiner Regentschaft. Wie sich dieser Lump erdreistete, unser Nationalheiligtum, die Irminsul, zu zerstören! Wie er bei Verden über 4500 meiner Landsleute massakrierte! Angesichts der offenbaren äußeren Bedrohung differenzierten wir uns zu den drei sächsischen Teilstämmen Ostfalen, Engern und Westfalen aus, die je nach Schlachtenglück Frieden mit Karl schlossen, Kriege erklärten, Frieden schlossen ... und so weiter und so weiter, bis wir alle den christlichen Glauben annahmen und uns ins große, mächtige Frankenreich eingliedern ließen.

Der Begriff »Westfalen« wurde zum ersten Mal im Jahre 775 in den fränkischen Reichsannalen erwähnt. Damit war er in die Welt entlassen und suchte fortan nach Bestätigung auf historischer Bühne. Mit nicht wirklich nachhaltigem Erfolg. Sicher: Er wabert immer wieder als landsmannschaftliche Zuordnung durch die Weltgeschichte, aber nur selten verdichtet sich das Stammesgebiet der Westfalen zu einer politischen Einheit. Das sich seit Ende des 12. Jahrhunderts herausbildende Herzogtum Westfalen blieb nur ein kleiner Flecken im Sauerländischen. Auch das 1807 von den Franzosen gegründete Königreich Westphalen konnte uns nur schwerlich überzeugen, schon weil es uns Münsterländer weitgehend ausschloss. Erst die preußische Provinz Westfalen – infolge des Wiener Kongresses (1814/15) auf die historische Bühne geholt – brachte Stammesgebiet und politische Verwaltung so einigermaßen in Deckung – allerdings unter fremdherrschaftlichem Vorzeichen. Seit 1946 befinden wir mürrischen Westfalen uns in eheähnlicher Gemeinschaft mit den Frohnaturen vom Nordrhein.

Der Befund wird deutlich: Das, was wir im politischen Sinne als Westfalen bezeichnen, hat sich als nicht sonderlich resistent gegenüber den Wechselfällen der Geschichte erwiesen. Das mag ein Grund dafür sein, dass wir Münsterländer unsere Identität schon frühzeitig an etwas ausgerichtet haben, das kein flüchtiges Ereignis ist, sondern wirklich Bestand hat: das Münsterland! Denn das Münsterland ist klar definiert! Das Münsterland gibt keinen Anlass zu Missverständnissen! Das Münsterland ist immer und ewig!

Kein Wunder also, dass wir mit einem besonders stark ausgeprägten Regionalpatriotismus gesegnet sind. Lauschen wir hierzu ein weiteres Mal der größten aller Dichterinnen, die in ihrem Prosawerk »Bei uns zu Lande auf dem Lande« mit einem bemerkenswerten Syllogismus aufwartet: »Ich bin ein Westphale und zwar ein Stockwestphale, nämlich ein Münsterländer.« Damit ist die Beziehung zwischen dem Münsterländer einerseits und dem Westfalen andererseits ein für alle Mal geklärt. Wir sind das Original, die anderen das Surrogat. Wir sind das Pumpernickel, die andern nur Swatbraut.

Wenn Sie – verehrte Leserin, verehrter Leser – dieses Verhältnis einmal in diesem Sinne verinnerlicht haben, verstehen Sie die Bedeutung der folgenden Sätze für uns Münsterländer. Der im münsterländischen Laer geborene und nachmalig in Köln als Kartäuser-Mönch weilende Werner Rolevinck kommt in seinem um das Jahr 1474 veröffentlichten »Westfalenlob« zu Aussagen, die in die sprichwörtliche münsterländische Eiche geritzt und deshalb für die Ewigkeit gemacht sind. Die Westfalen seien »starkgebaute, kerngesunde schöne Gestalten, als wenn sie vom Tau des Himmels sich ernährten«. Ein Riesenlob für die Westfalen, gewiss. Aber welch unvergleichlich größeres für uns, die Pumpernickel! Da lesen wir doch gerne weiter – so etwa, dass sie, die westfälischen Männer, unvergleichlich wertvoller seien »als alle Tiere und andere Schätze, wertvoller als alle Erzeugnisse zum Lebensunterhalt der Menschen. Und solche Menschen hat Westfalen seit unvordenklichen Zeiten in solcher Menge, daß ich kein Land in der ganzen Christenheit wüßte, das in dieser Hinsicht mit unserem Westfalenland sich messen könnte«.

Ich denke, jetzt haben Sie den richtigen Eindruck von uns Münsterländern erhalten. Damit möchte ich meine Ausführungen über das Verhältnis von Pumpernickel und Swatbraut mit einem sehr beschwingten Gefühl beenden.

Zwei Seelen – ach! – in unserer Brust

Münsterland und Christentum

Der einzige Führer, dem wir uns je mit Haut und Haaren verschrieben haben, der in unseren Sagen weiterlebt und bis heute unser Herz wärmt, ist der Sachsenherzog Widukind. Aus ganz besonders hartem Holz geschnitzt, hat er sich mit List und – wie hier bereits mehrfach erwähnt – mit einer gewissen, in unserem Landstrich nicht unüblichen Halsstarrigkeit immer wieder den Unterwerfungsversuchen Karls des Großen widersetzt.

Der mittlerweile bekannte Kartäuser-Mönch Werner Rolevinck schreibt, dass unser Herzog der härteste aller Gegner war, mit dem der Frankenkönig je zu tun gehabt habe: »Widukind war der tapferste Gegner Karls. Unermüdlich war er tätig, und kein anderer unter der Sonne hat dem König so schwer zu schaffen gemacht wie er.« Natürlich schwillt dir vor Stolz die Brust, wenn so von deinem Fürsten gesprochen wird. Einerseits.

Andererseits fangen damit unsere Probleme erst an, die wir Nachfahren mit ihm haben. Denn emotional ganz auf der Seite des sächsischen Heiden stehend, müssen wir, die christlich Nachgeborenen, moralisch der Seite des Sachsenschlächters Karl zuneigen, der am Ende unsere Vorfahren unter das Dach eines Großreiches mit christlicher Staatsreligion zwingen konnte. Das ist der Grund, warum wir in unseren Sagen mit sehr gespaltener Zunge von unserem Fürsten singen: Einerseits loben wir den enormen Widerstand und die herrlichen Großtaten unseres Herzogs, deren größte andererseits darin bestand, klein beizugeben und sich dem christlichen Glauben zu unterwerfen. Kein Wunder, dass der äußerst grausam geführte Krieg Karls gegen die Sachsen im Nachhinein in einem sehr milden Licht erscheint.

Der auch Weking genannte Widukind verkleidet sich – so geht die Sage – nach den jahrelangen fränkisch-sächsischen Auseinandersetzungen als Bettler, um in das Lager der Franken zu gelangen. »Denn hier, meinte der königliche Bettler, könne er am unbeachtetsten den gepriesenen Karl schauen, wenn er in der Mitte seiner Helden und Gewaltigen aus dem Gotteshause trete. Als er nun, hart an die Pforte gelehnt, sich hinüberbiegt und hineinblickt in die geweihte Wohnung, da soll ihn vom Altare das Jesuskind angelächelt haben. Und hier, sagt man, sei ihm zuerst der Gedanke entstanden, auch wohl ein Christ zu werden. Als dann Karl heraustrat, ist ihm die hohe Gestalt und der gewaltige Gliederbau des fremden Bettlers aufgefallen, und er hat wohl geahnet, wer es sei. Weking aber ist in Frieden und in tiefen Gedanken zu den Seinen heimgekehrt.«

Man spürt sofort, dass hier zwei ganz Große sich auf den ersten Blick ganz doll lieb haben. Sie spiegeln einander ihre Ebenbürtigkeit und sehen, dass der einzige Unterschied zwischen ihnen der unterschiedliche Glaube ist. Aber das ist kein Nachteil. Es bedurfte geradezu dieses Gegensatzes, um dem christlichen Glauben insgesamt zum Sieg zu verhelfen. Hören wir hierzu noch einmal unseren Kartäuser Rolevinck, der nahezu enthusiastisch schreibt: »Den Ruhm, mein liebes Sachsenland, hast du Gott dem Allmächtigen zu verdanken, daß du von keinem anderen besiegt werden konntest als von diesem Manne! Niemand anders hätte dich läutern, bilden, im Glauben erleuchten und festigen können als der Fürst, der alle andern weit überragte an Macht und Reinheit, an Frömmigkeit und Edelmut, an Tapferkeit und Wissenschaft, an Gottesfurcht, Weisheit und Heiligkeit.« Das ist Hegel pur, weit vor Hegel: Widukind ist die fleischgewordene Antithese, die zur Verwirklichung des göttlichen Heilsplans unumgehbar notwendig gewesen war.

Zumindest in der idealisierten Form. In Wirklichkeit rumort es in unserem Gemüt seit jenem Tag im Jahre 785, an dem Widukind in Attigny zum Christenmenschen getauft wurde und mit ihm alle Westfalen den neuen Glauben annahmen. Denn eines liegt ganz offen zutage: Die münsterländische Seele ist ein Ort, dem weder mit der Fackel der Vernunft noch mit dem Zauberglanz des Glaubens beizukommen ist. Sie will immer nur selbst – von innen her – leuchten. Das ist der Kern unserer Querschädeligkeit. Deshalb haben sich die hegelschen Gegensätze in uns auch zu keiner höheren Einheit harmonisieren lassen.

Finden wir Spuren dieses Kampfes nicht auch in der Dichterin Seele, als sie begann, ihr »Geistliches Jahr« zu verfassen? So unterschiedlich und »schwankend in sich selbst« die Gedichte dieser Sammlung auch sind, so drücken sie doch eines immer wieder und in immer anderen Worten aus: erhebliche Glaubenszweifel. Es scheint, als tue sich hier jemand schwer damit, seinen münsterländischen Querkopf auszuschalten und die überlieferte christliche Lehre unhinterfragt anzunehmen. Das Ergebnis ist das mit sich kämpfende, also leidende Ich.

Ein Ich allerdings, das bei weitem nicht allein ist in seinem Kampf. Dies machen vier für das Gesamtkonzept der Gedichtsammlung äußerst bedeutsame Verse deutlich. Die junge Dichterin schreibt: »Meine Lieder werden leben, / Wenn ich längst entschwand, / Mancher wird vor ihnen beben, / Der gleich mir empfand.« Unsere Dichterin sieht sich mit ihren Glaubenszweifeln also nicht allein auf weiter Flur. Heute nicht und auch in unabsehbare Zukunft nicht, denn wie gesagt: »Meine Lieder werden leben, / Wenn ich längst entschwand.«

Damit ist der weitere Weg unserer Seele vorherbestimmt: Nie und nimmer wird sie je wieder zur Ruhe kommen. Beide – der altheidnische und der neuchristliche Münsterländer – kämpfen auch weiter ihren ewigen Kampf und werden ihn kämpfen bis ans Ende der Tage.

Von Gedichten und Wurstbändern

Münsterländisches Platt

Dass es sich bei uns alten Sachsen um einen Menschenschlag mit ganz eigenem Kopf handelt, musste auch die hochdeutsche Sprache höchstpersönlich erfahren. Als sie zwischen dem 6. und 8. nachchristlichen Jahrhundert von Süden her kommend ihren Siegeszug antrat und immer mehr deutsche Landstriche erfasste, kam sie eines Tages auch an unsere Grenze, sah uns und spürte instinktiv: Diesen sächsischen Querschädeln ein neues Sprechen beizubiegen, nein, einfach unmöglich. Diese mürrischen Gesichter, diese ungeübten Sprechwerkzeuge! Und so kehrte die hochdeutsche Sprache dem Münsterland den Rücken und kümmerte sich nicht weiter um uns. Fürs Erste.

Das war der Grund, warum wir mehr oder weniger einheitlich beim ›maken‹, ›Dag‹, ›eten‹, ›Timmermann‹, ›sitten‹, ›Schipp‹, ›Wiev‹ und ›Peper‹ geblieben sind, statt zu den hochdeutschen Formen ›machen‹, ›Tag‹, ›essen‹, ›Zimmermann‹, ›sitzen‹, ›Schiff‹, ›Weib‹ und ›Pfeffer‹ überzugehen. Aber auch von anderen liebgewonnenen Phänomenen konnten wir nicht lassen. Warum auch? Ist denn der ›Smiärlappen‹ nicht viel ehrlicher als der ›Schmutzfink‹, ist denn die ›Füörsterkunte‹ nicht viel stärker als der ›Frosthintern‹, reizt denn der ›Blubberbaort‹ nicht viel eher zum Lachen als der ›Nuschler‹, und hat die Formulierung, nach der jemand aus einem ›Fuorts en Düennerslag‹ macht, nicht mehr mit der norddeutschen Lebenswirklichkeit zu tun, als wenn dieser Jemand aus einer ›Mücke einen Elefanten‹ macht? Na also.

Die zitierten Begriffe dokumentieren zweierlei: Zum einen den enormen Erfindungsreichtum, wenn es darum geht, uns gegenseitig mit Komplimenten zu umschmeicheln. Zum anderen eine Besonderheit, die das westfälische Platt etwa vom ostfriesischen, holsteinischen oder mecklenburger Platt unterscheidet: die auffallende Anhäufung von Vokalen und Umlauten. Wörter wie »Mauenfrieerie«, »Quaogelerie«, »Uott« oder »Wuoddelbuil« versteht zwar niemand – aber mit Stolz können wir sagen: Das gibt's nur bei uns!

Das Niederdeutsche, das sich einmal von den Niederlanden bis nach Ostpreußen, vom Ruhrgebiet bis nach Dänemark erstreckte, hat also seine charakteristischen landsmannschaftlichen Unterschiede herausgebildet. Und wenn Sie jetzt vermuten, dass auch das westfälische Platt keine homogene Einheit bildet, sondern selbst schon wieder jede Menge Ausdifferenzierungen aufweist, dann kann ich nur sagen: Recht haben Sie! So verwandelt niemand anders den »g«-An- und Auslaut so formvollendet in den schroffen Reibelaut »ch« wie wir Münsterländer. Deshalb hört sich das normalerweise weich anklingende »Guat goan« – was soviel heißt wie: »Mach es gut« oder: »Lass es dir gut gehen« – bei uns wie ein im hinteren Rachenraum hervorgeraspeltes »chuat choan« an, das zuverlässig dafür sorgt, dass es einem danach alles andere als gut geht. Zumindest im Hals.

Es ist wirklich so: In dem vergleichsweise engen westfälischen Raum können wir Ihnen sage und schreibe vier Mundartgruppen anbieten: das Südwestfälische, das Ostwestfälische, das Münsterländische und das Westmünsterländische Platt. Ja, Sie haben recht gelesen: Allein das Münsterland weist zwei Varietäten auf. Damit leisten wir uns eine »Twiärsdriewerie« (Quertreiberei), die unseren Alltag auf unverantwortliche Weise erschwert. Stellen Sie sich mal folgendes Szenario vor. Ein ehrlicher, grundsolider Coesfelder Bürger fährt in die gut 30 km entfernte westmünsterländische Stadt Borken zum Shoppen. Nichts Böses ahnend sieht er mit einem Male, wie jemand einen Juwelierladen ausraubt. Mit dem festen Willen, diesen Dieb mit Hilfe der anderen Passanten dingfest zu machen, ruft er laut aus: »'n Daiw, 'n Daiw!« Ich garantiere Ihnen, die Einheimischen – und möglicherweise auch der Ganove selber – werden gar nicht verstehen, was dieser Mann eigentlich von ihnen will, weil sie einfach nicht wissen, dass der münsterländische »Daiw« identisch mit dem westmünsterländischen »Deew« ist. Denn hätten sie es gewusst, hätten sie – da bin ich mir ziemlich sicher – garantiert dabei mitgeholfen, die Versicherung des Juweliers vor großem finanziellen Schaden zu bewahren.

Aufgrund dieser babylonischen Sprachverwirrung auf immer kleinteiligerem Raum ist es also kein Wunder, dass unser gutes Niederdeutsch nur für wenige Jahrhunderte den Status einer offiziellen Amtssprache erhielt. Erst um 1300 verdrängt unser Platt die bis dato über 500 Jahre dominierende Schriftsprache Latein aus den westfälischen Schreib- und Amtsstuben. Mit gutem Grund, musste doch die sich immer stärker ausdifferenzierende mittelalterliche Gesellschaft mit kodifizierten Regularien versorgt werden, die diese Gesellschaft auch versteht. Und das ging eben nur mit Hilfe des Niederdeutschen. Die normative Kraft dieser Sprache war zeitweilig so stark, dass diese in ihrer lübeckischen Ausformung zur Verkehrssprache der Hanse wurde.

Doch schon gegen Ende des 16. Jahrhunderts war es mit der niederdeutschen Schriftsprachen-Herrlichkeit in unserem Ländchen wieder vorbei. Dies bewirkten unter anderem zwei historische Entwicklungen: der Niedergang der Hanse sowie ein renitentes Mönchlein namens Martin Luther, das mit seiner frühneuhochdeutschen Bibelübersetzung die Grundlage für eine alle deutschsprachigen Regionen vereinende hochdeutsche Nationalsprache lieferte. Nach und nach bemächtigte diese sich der Kanzleien, der Adelsgesellschaft und des gebildeten Bürgertums, so dass sich das Niederdeutsche immer mehr auf das zurückzog, was man das einfache Volk nennt. In den gehobenen Kreisen galt es nunmehr als fein, in der neuen Manier zu sprechen. Wer hochdeutsch sprach, war etwas Besseres. Wie selbstverständlich folgte dieser Entwicklung eine Gegenbewegung auf dem Fuße, wurde doch nun ein bis dato unerhörter Kampfbegriff in die Debatte eingeführt, der gegen das hochdeutsche, lutherische Kauderwelsch in Stellung gebracht wurde. Das Niederdeutsch wurde nun als klar und verständlich, mit einem Wort: als »platt« bezeichnet. In dieser neuen Bedeutung erscheint das aus dem Niederländischen stammende Wort zum ersten Mal in einer 1524 zu Delft gedruckten Bibel, die dem geneigten Leser versprach, sie sei »in goede(n) platten duytsche« verfasst, also in gutem, klarem Deutsch.

Genau in diese sprachlich zerrissene Lage wächst unsere Adelsdame mit Namen Annette von Droste-Hülshoff hinein. Zwar bewegt sie sich als Schriftstellerin und Briefeschreiberin im Rahmen der hochdeutschen Sprache (wenn auch mit leidlich konsistenter Orthographie!). Die Gründe, warum das Niederdeutsche nur eine Randerscheinung in ihren Werken bleibt, sind nachvollziehbar: Weder könne ein »Ausländer eine ächt vaterländische Aneckdote« verstehen, noch der »Eingebohrne, da ihm die Buchstabenfügung zu fremd« sei. Und dennoch ist die besondere Affinität der Droste zum Niederdeutschen mit Händen zu greifen. So spricht sie schon einmal von einer »Blage« statt von einem »Kind«, bezeichnet ihren Vertrauten Levin Schücking als »Baasjunge«, beschwert sich, dass ein Gedicht aus ihrer

Feder »klatrig« angenommen worden sei, und beschreibt einen Bekannten, den sie offenbar nach längerer Zeit wiedergesehen hat, mit den Worten: »Ach Gott! Was war der lustige Laps für'n alt verdrüget Männeken geworden!«

In dieser Liebe zum Platt drückt sich zugleich eine unübersehbare Verbundenheit zu den einfachen Leuten aus. Das mag daran liegen, dass Annette – wie sie schrieb – »zwischen Bauren aufgewachsen« war und »selbst eine starke Baurenader« in sich verspürte. Wie dem auch sei: Immer wieder lässt die Dichterin in ihren Briefen das so genannte gemeine Volk zu Worte kommen. Und dass dieses Wort niederdeutsch ist, versteht sich von selbst. So beschreibt sie in einem Brief an ihre Schwester Jenny, wie sie über einem Gedicht sitze und immer wieder innehalte und nachdenke. Als die Amme das sieht, wird sie ganz mitleidig und sagt: »O Herr! Wat beduurt se mi, dat se sick so quælen möttet, et is akkrort es wenn ik so recht schlechte Doddheide spinnen mott, ik möch wull Goorn deevon hebben, un auk wull gutt Goorn, un et wett doch nix esse klötte un worstbände.« (Frei übersetzt: »O Herr! Was tun Sie mir leid, dass Sie sich so quälen müssen. Es ist gerade so, als wenn ich aus minderwertigem Flachs ein feines, gleichmäßiges Garn machen möchte und am Ende nichts als Wurstbänder mit Klumpen herauskommen.«)

Die Reaktion der Dichterin auf diesen eher rustikalen Vergleich ist nun bezeichnend. Unmittelbar anschließend fragt sie ihre Schwester: »... was sagst du zu diesem Omen? ich war wie ein begossener Hund, und legte für diesmahl meine Feder ganz still hin«. Das Reichsfräulein macht die Amme weder lächerlich noch empört sie sich. In der geradezu demütigen Geste des stillen Feder-Weglegens kommt die tiefe Verbundenheit der Dichterin ihrer Amme gegenüber zum Vorschein.

Dass diese Verbundenheit auch zuweilen politisch werden kann, zeigt ein Brief vom 2. August 1844. Darin beschwert sich die Dichterin über ihren Bruder, der als Vertreter des Adels immer nur die eigenen, ständischen Sonderinteressen im Kopf habe. Sich allgemein gegen den zweiten Stand wendend, ruft sie aus: »… ich wollte die Herrn dächten auch zuweilen an allgemeinere Landes-Interessen; – es empört den Bürger- und Bauernstand, daß sie, auf den letzten Landtagen, Nichts als ihre Jagdgeschichten haben zur Sprache kommen lassen, weder Schulen, Pfarreyen, noch Sonstiges.«

Es zieht sich wie ein roter Faden durch der Dichterin Briefe: Anders als ihr Bruder und anders als der Stand, in den sie hineingeboren wurde, erweist sie dem einfachen Volke durchweg tiefen Respekt – und dieser Respekt spricht weithin vernehmbar »mönsterländsk Platt«.

Heimlich ins Wunderland der Poesie

Märchen und Sagen

Es war einmal ein hoffnungsvoller hessischer Jüngling, der fiel in einen tiefen, tiefen Schlaf. Und da träumte ihm von einer holden Jungfrau gar »wunderbarlich und ängstlich [...] sie war ganz in dunkle Purpurflamme gekleidet und zog sich einzelne Haare aus und warf sie in der Luft nach mir; sie verwandelten sich in Pfeile und hätten mich leicht blind machen können«.

Wir unterbrechen die Traumdarstellung, fragen nach der Ursache dieser düsteren Vision und geben Ihnen – wie im richtigen Märchen – drei Möglichkeiten der Antwort: Fängt so ein böses Märchen an oder hat der hessische Jüngling einfach nur verbotene Substanzen zu sich genommen oder ist er womöglich einer münsterländischen jungen Dame begegnet, die ihn so beeindruckt hat, dass er mit Alpträumen reagierte, ja reagieren musste?

Sie kennen die Lösung. Annette, das 16-jährige poetische Fräulein, hatte Wilhelm Grimm im ostwestfälischen Bökendorf kennen gelernt. Kein sonderlich gelungenes Date. Denn der elf Jahre Ältere beschwerte sich hernach über das lebhafte, neckische, geistblitzende Wesen: Fräulein Nette »wollte beständig brillieren und kam von einem ins andere«. Und der Gipfel der Ungeheuerlichkeiten: Die Droste trieb ihr Späßchen mit dem Nachnamen des großen Germanisten: Statt »Grimm« nannte sie ihn »Unwille«.

Klar, dass einen da die eine oder andere Panikattacke befällt. Aber der Mitinitiator der Kinder- und Hausmärchen hatte durchaus auch Lob für die junge Dame aus dem Münsterländischen übrig. Über die beiden Schwestern Jenny und Annette schreibt er: »Märchen, Lieder und Sagen, Sprüche usw. wissen sie die Menge ... Die Fräulein aus dem Münsterland wussten am meisten, besonders die jüngste« – sprich: Annette. Deshalb motivierte er beide, als »Beiträgerinnen« für seine ständig wachsende Märchensammlung zu fungieren.

Vor allem Jenny machte sich eifrig an die Arbeit. Der Lohn der Mühe: Zwei Texte aus ihrer Feder wurden in die Sammlung der Kinder- und Hausmärchen aufgenommen. Und einer – mit dem Titel *Die zertanzten Schuhe* – ist in unserem Zusammenhang bemerkenswert. Er handelt von einem König mit 12 wunderschönen Töchtern. Der Herrscher stellt fest, dass die Tanzschuhe der Jungfrauen morgens immer deutlich sichtbare Spuren der Beanspruchung aufweisen. Der König versteht nicht, woran das liegen mag, schließt er die Mädchen doch jede Nacht im Schlafsaal ein. Der Herrscher schreibt einen landesweiten Wettbewerb aus: Wer herausfindet, was die Königstöchter nachts so alles treiben, darf sich eine der Schönen zur Frau erwählen. Im anderen Falle sei er des Todes. Der ausgelobte Preis lockt viele Prinzen an, die – einer schöner als der andere – das Rätsel lösen möchten, aber – einer nach dem anderen – ihren schönen Kopf verlieren. Erst ein armer, alter, verwunderter Soldat errät des Pudels Kern. Er stellt fest, dass die Königstöchter jede Nacht von 12 Prinzen abgeholt werden, mit denen sie in ein unterirdisches Schloss jenseits des Wassers verschwinden. Dort tanzen sie, was das Zeug hält und bis die Schuhe entzwei sind. Der leicht betagte Soldat entscheidet sich für die älteste Tochter als Preisgeld. Schließlich sei er auch nicht mehr der Jüngste.

Dürfen wir in diesem Märchen eine Parabel auf das Leben der Annette von Droste-Hülfshoff sehen? Wenn wir wollen, dürfen wir. Und wir wollen. Denn war es nicht die münsterländische Dichterin, die sich – wie die jungen Prinzessinnen – zuweilen geradezu heimlich ins Wunderland der Poesie schlich, um am Ende jedoch feststellen zu müssen, mit einer Wirklichkeit verheiratet zu sein, die sich nicht minder prosaisch gab wie der alte Soldat? Über die Vorbehalte, die man gegen das dichtende Frauenzimmer hegte, wird an anderer Stelle noch zu berichten sein. Aber auch ganz lebenspraktische Hilfestellungen, die man von Fräulein Nette erwartete, hielt sie immer wieder von ihrer Berufung als ernsthafte Dichterin ab. 1845 klagt sie: »Von keines Herdes Pflicht gebunden, / Meint Jeder nur, wir seien, grad / Für sein Bedürfnis nur erfunden, / Das hülfbereite fünfte Rad. / Was hilft es uns, daß frei wir stehen, / Auf keines Menschen Hände sehen? / Man zeichnet dennoch uns den Pfad.«

Um sich der Rollenerwartungen wirkungsvoll zu erwehren und sich den Teil vom Leben zu holen, der ihr zusteht, hätte die Droste jener Entschlossenheit bedurft, wie wir sie bei Grinken-Schmidt finden. Um diesen Altenberger Kraftburschen ranken sich einige Sagen, von denen ich eine hier zum Besten geben möchte: Immer, wenn eine Hochzeit anstand, lieh man sich einen Bratenspieß von dem hünenhaften Menschen – denn Grinken-Schmidt war der einzige Schmied der Gegend und damit der Einzige, der über Bratenspieße verfügte. Logisch. Als Entlohnung bekam er regelmäßig einen Braten (auf gut plattdeutsch: Broden). Dieses System funktionierte auch immer ganz hervorragend. Bis auf einmal. Da brachte ein Pferdeknecht den Spieß ohne den versprochenen Gaumenschmaus zurück (denn den hatte er sich unterwegs selbst einverleibt) und galoppierte von dannen. Grinken-Schmidt – nicht faul – rannte hinterher, holte Knecht wie Pferd ein und riss dem Zossen eine Hinterhand mitsamt Batzen aus dem Leibe. Dieses saftige Hinterstück nun – »dat was Grinken-Schmidt sien Broden«, oder auf Hochdeutsch: »das war Grinken-Schmidts Braten«.

Grinken-Schmidt steht stellvertretend für eine ganze Reihe hünenhafter Wesen im Münsterland, die den Menschen in der Regel wohlgesonnen sind und über jede Menge Muckis verfügen. Der Knecht Grö von Schloß Darfeld sollte Bier aus dem Keller holen – er kam mit 3 Tonnen des wertvollen Gerstensaftes wieder. Zwei Kraftbolzen gerieten bei Coesfeld in Streit und bewarfen sich mit Sand. Durch die sich aufhäufenden Sandmassen sind der Hünsberg und der Lange Berg entstanden. Der Heidemann brachte ein junges Mädchen durch die Heide. Er schmiegte die junge Dame während des Ganges immer näher an seinen Körper und drückte ihr am Ende ganz sanft und innig einen Kuss auf ihren Mund. Am nächsten Morgen war sie tot.

Gerade die letzte Geschichte beweist ein ebenso typisches wie faszinierendes Phänomen bei uns münsterländischen Männern: Subjektiv finden wir in uns durchaus Spuren von Zärtlichkeit, leider sind die Objekte unseres Liebeswillens dafür aber nicht stark genug. Genau aus diesem Grunde war die Einführung des Christentums in unseren Breiten so zwingend erforderlich. Es wusste unsere Urwüchsigkeit durch das göttliche Walten in unserem Landstrich zu kanalisieren – ein Walten, das durch allerlei Wundererscheinungen bewiesen wird.

So berichtet die Legende, dass der heilige Liudger, der erste Bischof von Münster, eines Tages im Kirchspiel Billerbeck an einem Bauernhaus vorbeikam. Der Bauer klagte, dass die Gänse alles, was sein Land hergebe, wegfräßen. Liudger, um keine Lösung verlegen, lotste die Gänse in den Stall, drohte ihnen mit erhobenem Zeigefinger und sagte in bestimmendem Tonfall: »Dat ji mi nu nich wier beruht gaohet!« (»Dass Ihr mir ja nicht wieder herausgeht!«). Seitdem soll man in Billerbeck nie wieder etwas von einer Gänseplage gehört haben.

Aber auch ohne die Gottesmänner ist unser Land reich an Wundern: Die Glocke zu Münster versinkt – weil ungetauft – in den Boden. Das Kloster zu Freckenhorst wird an dem Ort einer wunderbaren, überklaren Lichterscheinung gestiftet. Die Kirche von Oelde wird an die Stelle eines mysteriösen Holzkreuzes erbaut, das sich nicht vom Fleck bewegen lassen will. Und die heilige Anna Katharina Emmerick benötigt beim Putzen der Kirchenfenster keine Leiter, weil sie wie von selbst auf und ab schweben kann. Der Beweise für Gottes Wirken sind also genug. Dennoch gibt es immer wieder Menschen, die daran offenkundig zweifeln, wie die Geschichte von Amtmann Timphot zeigt. Er hatte immer einen grünseidenen Rock an, eine lange weiße Perücke sowie einen großen dreieckigen Hut, einen Timphot, auf. Auf Scholastikas Tag, einem Feiertag zum Lobe der heiligen Scholastika von Nursia, trug es sich zu, dass Amtmann Timphot vom Glockenläuten völlig entnervt war, weil es ihn bei seiner Arbeit störte. Er bestieg seine prächtige Kutsche, fuhr zur Kirche und rief: »Scholastika, Scholastika, ick wull dat die der Düwel höll!« (»Scholastika, Scholastika, dich soll der Teufel holen!«). Kaum gesagt, kamen zwei Teufel durch die Luft, und die Kutsche mitsamt Amtmann Timphot versank im Boden.

Teufel allerorten im Münsterland: Am münsterschen Prinzipalmarkt, wo sie einem unehrlichen Krämer Waage, Elle und Leinen stehlen; in der Nähe von Drensteinfurt, wo der Beelzebub zwölf Hähnchen zerfetzt; in Warendorf, wo der Satan eine ungetaufte Kirchenglocke stiehlt und sie in die Ems wirft; in der alten Warte zu Beckum, wo ein Höllenfürst sitzt und des Nachts erbärmlich heult; im Walde von Welbergen, wo Luzifer tagsüber sein Geld sonnt und nicht zuletzt in der Davert, einem ausgedehnten Waldgebiet südlich von Münster, das schon deshalb Ihre Aufmerksamkeit erregen dürfte, weil seine Ausmaße nicht in Längen-, sondern in Zeiteinheiten bemessen werden: Die Davert sei, so versichert die Sage, »ein sieben Stunden langer Wald«. Und begegne man dort dem Teufel und gehe gar mit dem Knüppel auf ihn los, so werde man »stundenweit durch die Luft fortgeschleudert«. Deshalb mein dringender Rat: Vermeiden Sie eine derartig unangenehme Begegnung unter allen Umständen. Dann bliebe Ihnen immer noch die Gelegenheit, viele andere seltsame Wesen der Davert kennen zu lernen.

Zum Beispiel den Hochjäger. Er beging den schweren Fehler, am Ostersonntag jagen zu gehen. Dieser Frevel blieb nicht ungestraft. Der Hochjäger wurde in die Davert gebannt und treibt seitdem dort sein Unwesen. »Sobald der Tag sich neigt«, so geht die Sage, »beginnt sein wildes Treiben und Jagen; Hundegebell und ein furchtbares Hollah-Rufen verkündigt seine Ankunft hoch in der Luft.« Die böse und geizige Jungfer Eli fährt als Geist alle Jahre einmal über die Abtei zu Freckenhorst »mit schrecklichem Gebraus« hinweg und zerdeppert so manche Fensterscheibe. Rentmeister Schenkewald, der die ihm untergebenen Bauern schändlich misshandelte, ging nach seinem Tod im Schloss Nordkirchen um: »Des Nachts«, so wird glaubhaft versichert, »hörte man ihn die Treppen auf und ab laufen und entsetzlich heulen.«

Mit anderen Worten: Eine unrechte Tat wird im Münsterland mit Herumspuken nicht unter einer Ewigkeit bestraft.

Nur selten kann man durch irdische Helfer daraus befreit werden. Das Umgehen oder Wiedergehen – wie der Spuk auch genannt wird – ist deshalb eine solch schreckliche Pein, weil die Seele des Toten nicht zur Ruhe kommt. Da mag man fast schon von Glück für die Frevler reden, wenn sie sterben, ohne hernach auf nächtliche Wanderung gehen zu müssen. In der Haarmühle von Alstätte erhängte sich ein Mann an einer Haarsträhne seiner ersten Frau, weil er sie und seine Kinder in Armut verlassen hatte. Die schöne, aber stolze Elisabeth starb vor Reue und Schmerz, als sie die Leichen der von ihr abgewiesenen Freier sah. Ein Kosake, der ein Wegeskreuz bei Greven beschädigte, kam noch in derselben Nacht bei einem Saufgelage um. Uff!

Beenden wir dieses Kapitel mit grundpositiven Wesen: den Zwergen. Es handelt sich um eine sehr hilfsbereite Spezies, ständig bemüht, den Menschen zu bescheidenem Wohlstand zu verhelfen, ohne viel Aufhebens davon zu machen. Nur sind sie – na, wie soll ich sagen – ein wenig reizbar. Als die Bäuerin ihren dienstfertigen Helfern nachts bei der Arbeit zuschaut, sind sie eingeschnappt und wandern aus. Als Bauer Roloff seine kleinen Helferchen beschimpft, weil sie zu wenig gearbeitet hätten, sind sie eingeschnappt und wandern aus. Als ein Dümelchen sich von Bauer und Bäuerin nachlässig behandelt fühlt, ist es eingeschnappt und wandert aus. Nur die Gênärsken aus Ramsdorf sind da aus ganz anderem Holz geschnitzt. Es handelt sich hierbei um kleine »Düwelkes« mit nacktem Hintern, die die Menschen mit allerhand Schabernack ärgern. Putzig, nicht? Wie sagte doch unsere Dichterin: »Der Münsterländer ist überhaupt sehr abergläubisch, sein Aberglaube aber so harmlos, wie er selber.«

Exakt!

Warum wir immer Recht haben

Das Zweite Gesicht

Als hätte ich es vorausgeahnt, ist das Thema münsterländischer Volkspoesie so umfangreich, dass ich es hier um ein ganz spezielles Kapitel ergänzen muss. Geht es doch um einen Gegenstand, der geradezu zu einem besonderen Aushängeschild unseres Ländchens geworden und sonst nur im schottischen Hochland zu finden ist: das Zweite Gesicht – oder auch Vorgesicht, Vorgeschichte, Vorkiekerei, Spökenkiekerei oder, auf gut schottisch, Second Sight genannt. Es gibt viele Worte für unser – wie die Droste es formuliert – »bis zum Schauen oder mindestens deutlichem Hören gesteigertes Ahnungsvermögen«, durch das wir mit traumhaft hoher Trefferquote die Zukunft voraussagen können.

Um es an einem Beispiel zu demonstrieren: Stellen Sie sich vor, Ihnen passiert irgendein Malheur, Sie kippen – zum Beispiel – eine Tasse wunderbar schwarzen Kaffees über eine wunderbar weiße Tischdecke. Und nun stellen Sie sich weiter vor, neben Ihnen steht einer meiner Landsleute, der – anstatt Ihnen zu Hilfe zu eilen – ganz ruhig bleibt und mit leicht verklärtem Blick sagt: »Das habe ich gewusst.« Dann nehmen Sie ihm das – bitte, bitte! – nicht übel. Was Ihnen wie eine unerträgliche Besserwisserei erscheinen muss, ist vielmehr der reinste Ausdruck unserer Fähigkeit, die Zukunft voraussehen zu können.

So kündigte sich eines der dunkelsten Kapitel der Stadt Münster – die Herrschaft der Wiedertäufer – durch untrügliche Zeichen an, wie etwa das Hin- und Herfliegen von brennenden Fackeln über der Stadt, mehrere Sonnenfinsternisse oder ein grässliches Waffengeklirre auf den Straßen, »ohne daß man den Ursprung desselben aufzufinden imstande war«. Und als dann auch noch im Jahre 1531 nicht unweit von Harlem ein toter Fisch vom Meer auf das Land geworfen wurde, war sofort klar, wer da seine Finger im Spiele hatte – der Harlemer Bürger und nachmalige Führer der münsterschen Täufergemeinde: Jan Matthys.

Bereits an diesem Beispiel muss Ihnen unsere übernatürliche seherische Kraft geradezu ins (zweite) Gesicht springen. Was für andere nur ein toter Fisch ist, ist für uns ein Zeichen, das allerlei Weiterungen nach sich zieht. Daraus nun aber zu schließen, dass wir aus jedem dieser schuppigen Wassertiere eine unheilvolle Zukunft herausläsen, wäre auch wieder nicht richtig. So essen wir als Nordlichter leidenschaftlich gerne die unterschiedlichsten Fischgerichte, ohne immer sofort einen Wiedertäufer verspeisen zu wollen.

Wie sehr das Vorhersehen-Wollen in der münsterländischen Luft liegt, zeigt das Beispiel von Clemens August von Droste-Hülshoff, dem Vater unserer Dichterin. Er schrieb zwischen 1802 und 1806 mit großer Sammelleidenschaft jede Spökenkiekerei auf, die er aufschnappen konnte. Annette beschrieb im Prosawerk »Bei uns zu Lande auf dem Lande« mit feiner Ironie und viel Wohlwollen diese Marotte: »Nichts zeigt die reiche, kindlich frische Phantasie des Herrn deutlicher als sein schon oft genanntes Liber mirabilis, eine mühsam zusammen getragene Sammlung alter, prophetischer Träume und Gesichte, von denen dieses Land wie mit einem Flor überzogen ist.«

Ein Großteil dieser dort gesammelten Vorgeschichten bewegt sich im Umfeld der kriegerischen Auseinandersetzungen zwischen dem napoleonischen Frankreich und den anderen europäischen Großmächten. Und so tummeln sich in diesen Texten »grünmondirte«, »weißmondirte« und andere »Trouppen von mehrerley unterschiedenen Uniformen«. Und wie die in diesen Vorgeschichten erscheinen, möchte ich Ihnen an einem besonders schönen Beispiel verdeutlichen, weil ein sprachlicher Lapsus gleichzeitig zum Schmunzeln Anlass gibt: »Im Monat Märtz 1803 wohnte am Prinzipalmarckt in Münster ein gewisser Vorseher. Als dieser einst des Morgens um halb 6 Uhr das Nachtgeschirr aus dem Fenster ausleeren wolte, sahe er in der Gegend des Lamberti Kirchhofs weißgekleidete Cavallerie; auf dem Kirchhof selbst aber, und nach dem Drübbelgen hin waren blaumondirte Soldaten in Menge, und die Hauptwache ward zugleich von weißmondirten zu Fuß gestürmet. Indem Er nun das Nachts Geschirr beysetzte, und darauf alles genauer betrachten wollte, sahe er nichts mehr.« Was dieser Vorkieker hier genauer betrachten wollte, wird nicht wirklich deutlich! Sicher aber ist, dass der Franzosenkaiser dann wirklich ein ums andere Mal zum großen Geschäft ansetzte, etwa bei der Dreikaiserschlacht im Jahre 1805 und der Doppelschlacht bei Jena und Auerstedt im Jahre 1806. Und wer hat's gewusst? Kein anderer als unsere Vorsehung vom Prinzipalmarkt mitsamt Nachttopf.

Es sind aber nicht nur weltgeschichtliche Ereignisse, die Gegenstand unserer enormen Sehstärke werden können. Der 1856 in Warendorf geborene Heimatforscher Friedrich Zurbonsen hat ein ganzes Spektrum verschiedener Vorgesichtstypen ausgemacht. So gibt es Brandgesichte, Gesichte Jugendlicher, Gesichte mit geringfügigen Begleitumständen sowie Eisenbahngesichte. Ja, wirklich, Eisenbahngesichte! Das meint allerdings nicht – liebe Leser – die Fähigkeit, eine Zugverspätung mit hoher Zuverlässigkeit voraussagen zu können. Dazu muss man kein Münsterländer sein. Eisenbahngesichte sind in zeitlicher Nähe zur Erfindung der dampfgetriebenen Eisenbahn entstanden, die im 19. Jahrhundert zum damals modernsten Verkehrsmittel aufsteigen sollte.

Aber weiter: Es gibt Selbstmordgesichte, Wahrträume, Gesichte vom Tode eines anderen und Gesichte vom eigenen Tode. Und hier entwickelt das Vorgesicht – als literarisches Sujet, nicht als reales Phänomen – eine enorme poetische Kraft. Hören wir uns nur folgende Vorkiekerei an: »In der Nähe von Horstmar ist der Sohn eines Bauern krank gewesen. Da mußte er des Nachts öfters aufstehen. Einmal nun stieß er auf eine Leiche. Die stand dort in der Küche. Weil er wissen wollte, wer das sei, hat er dem Toten mit der Schere etwas von dem Haar abgeschnitten und dieses in die Kofferlade gelegt. Den andern hat er nichts gesagt, weil er befürchtete, sie könnten sich ängstigen. Als der Sohn sich dann am folgenden Morgen das Haar vor dem Spiegel kämmte, ist er blaß wie der Tod geworden. Dem er was von dem Haar abgeschnitten hatte, das war er selbst.« Wenngleich sich dieses Vorgesicht erst nach einer zeitlichen Verzögerung von mehreren Jahren bewahrheitet, tritt es dennoch mit unabweislicher Konsequenz ein. Eines Tages wird der tote Sohn in der Küche aufgebahrt.

Es ist das poetische Potenzial dieses Vorgesichts vom eigenen Tode, das auch Fräulein Nette genutzt hat. In der Ballade »Vorgeschichte (Second sight)« träumt ein Freiherr von dem Tod eines Knaben. Zunächst glaubt er, dass es sich um seinen Sohn handelt, erkennt dann aber, dass er sein eigenes Ende träumt. Der Freiherr erwacht und merkt erleichtert, dass es nur ein Traum gewesen ist. Dennoch steht er auf, entfacht das Licht und »schreibt sein Testament in der Nacht«. Auf dem ersten Blick strukturell der gleiche Plot wie in der zuvor zitierten Geschichte. Der Unterschied: Während das erste Vorgesicht durch den realgeschichtlichen Eintritt des zuvor Geschauten beglaubigt wird und seine höheren Weihen erhält, lässt Annette von Droste-Hülshoff das Ende offen. Damit nimmt sie die Wendung von einer – nennen wir es so – münsterländischen Metaphysik des Vorgesichts zum Reich der Psychologie. Der Freiherr schreibt sein Testament nicht, weil sein Tod unmittelbar vor der Tür steht, sondern weil ihm seine eigene Vergänglichkeit offenbar geworden ist – unabhängig davon, ob der Mann noch 3 Tage oder 30 Jahre zu leben hat. (Womit er im Übrigen Züge der Dichterin selbst erhält, die immer wieder von Todesahnungen geplagt wird.)

Damit nimmt die Dichterin der Vorgeschichte das entscheidende Wesensmerkmal: ihre Bewahrheitung. Um im Bilde zu bleiben: Ein toter Fisch bekommt seine seherische Bedeutung erst durch ein später eintretendes reales Ereignis. Ohne dieses Ereignis bleibt der tote Fisch auch für uns Münsterländer ein armer, kalter, ziemlich leer dreinblickender, mausetoter Fisch. Damit wird das Vorgesicht zu einer Art zurückblickender, ja, sich rückversichernder Prophetie. Und überall dort, wo konkrete Voraussagen an die Stelle diffuser Vorzeichen (Fisch, Gewitter, Sarg etc.) treten, ist die Bewahrheitung ohnehin so sicher wie das Amen in der Kirche. Was lernen wir daraus? Ob Vorzeichen oder Vorhersage: Ein Vorgesicht kann niemals falsch liegen.

Hören wir vor diesem Hintergrund die Geschichte von einem Spökenkieker aus Ahlen. Der sagt seinem Großvater voraus, dass an seinem Haus schon bald ein Totenwagen vorbeikommen werde. Und der Vorkieker weiß noch mehr: Dieser Totenwagen werde von einem Schimmel und einem Braunen gezogen. Der alte Mann tut erstaunt, weil er von keinem Kranken in seinem Hause weiß. Bald darauf stirbt der Nachbar, und es ist an dem Großvater, den Totenwagen zu fahren. Um den Spökenkieker Lügen zu strafen, gibt der Öhm seinem Knecht die Weisung, »den Swatten« anstatt des Schimmels anzuspannen. Am nächsten Morgen allerdings beginnt das schwarze Pferd zu lahmen, so dass der Knecht es nicht aus dem Stall herausbekommen kann. Am Ende muss dann doch der Schimmel einspringen, »un de Spöükenkieker hät wiër Recht kriëgen« (»und der Vorseher hat wieder Recht bekommen«).

Das Beispiel zeigt: Kommen die – in der Regel unheilvollen – Ereignisse erst mal so richtig in Schwung, ist der prophetische Gehalt des Vorgesichts durch Menschenhand nicht mehr veränderbar. Die Unwirksamkeit des menschlichen Eingriffs weist damit auf eine Objektivität jenseits unseres irdischen Horizonts hin. Es ist wie das Hereinscheinen einer göttlichen Ordnung in unseren durch Irrungen und Wirrungen geprägten Lebensalltag. Nach dem Motto: »Und geht's uns auch schlecht, so schaut doch jemand mit wohlwollenden Blicken auf uns herab«, verleiht uns die Spökenkiekerei eine Geborgenheit und Sicherheit, die uns die tägliche Mühsal erträglich macht.

Aber unter uns: Das Rechthaben macht uns das Leben noch aus einem anderen Grunde angenehm – durch das Rechthaben selbst. Das ist der vermutlich tiefere Grund, warum man in unserem Ländchen, wie die Dichterin sagt, »überall auf notorisch damit Behaftete trifft, und im Grunde fast kein Eingeborner sich gänzlich davon freisprechen dürfte«. Warum sollte er auch? Schließlich ist Rechthaben doch etwas so Erhebendes, dass wir Münsterländer eigentlich immer oft und gerne davon Gebrauch machen. Egal, ob Ihnen nun eine Kaffeetasse umkippt oder sonst ein Malheur passiert ...

Der Seufzer des Chigi

Münsterländisches Wetter

Oje, das Wetter, das mehr feuchte als fröhliche münsterländische Wetter! Nach allem, was man über diesen Landstrich vernehmen kann, regnet es hier nicht nur Katzen und Hunde, sondern sämtliche Tiere, die unser landwirtschaftlich geprägter Sprengel zu bieten hat. Fabio Chigi, der auf päpstlicher Seite mithalf, den Westfälischen Frieden in trockene Tücher zu bringen, schlug während seines mehrjährigen Aufenthalts in Münster die Hände über dem tropfnassen Kopf zusammen, sandte ein Stoßgebet zum wolkenverhangenen Himmel und sprach vom Münsterland als der Heimat des Regens! Dabei müssen Sie wissen, dass Fabio Chigi in späteren Jahren selbst zum Papst aufstieg; insofern hatte sein Wort schon damals im Himmel einiges Gewicht. Mit dem Seufzer des Chigi war damit gleichzeitig das Urteil über unser Ländchen gesprochen. Seitdem regnet es – gottgewollt.

In welches Jahrhundert wir auch unseren Blick richten – immer bezeugen die mal schräg, mal lotrecht ins Land einfallenden Tropfen den göttlichen Willen. Und wir sehen hinter einem dichten Regenschleier Annette von Droste-Hülshoff den Dämmer der Welt erblicken; sehen sie bei unentwegtem Plätschern ihr erstes Gedicht schreiben – »Komm Liebes Hähnchen komm heran« –, entdecken sie mit 16 Jahren an feuchtem Strand, sich ziehenden Schiffen hinterher sehnend; begleiten sie mit Anteilnahme – »Brenne mich in Leidensflammen rein« – durch die Irrungen und Wirrungen ihres Lebens und hören sie im November 1840 stöhnen: »Regen – Regen – nichts wie Regen.« Und im Juli

1841 heißt es: »Wenn ich nach dem hiesigen Wetter rechne, so sinkt mir der Muth, denn hier regnets fast fortwährend.«

Es muss an dieser Stelle darauf hingewiesen werden, dass der Regen angesichts der damaligen Verkehrsverhältnisse ein wirkliches Kontakthindernis war. Regnete es, wurden die Wege tief und morastig – oder, wie die Droste mitunter sagte, »kothig«. Da war – mal eben ins Auto und ab dafür – an Spontanbesuche nicht zu denken.

Wie schwierig die Pflege persönlicher Beziehungen angesichts eines nicht enden wollenden Regens zu organisieren war, zeigen mehrere Briefe der Dichterin aus dem Jahre 1839. Im April schreibt sie von Burg Hülshoff an Therese Schlüter, die Schwester ihres damaligen Mentors: »Ich bin seit Ostern hier und wollte heute zurückgehen nach Rüschhaus, aber nun regnet es, und ich muß gutes Wetter abwarten, da der Weg von hier nach Rüschhaus gar nicht zu fahren ist.« In diesem Brief erwähnt sie ihre Schriftsteller-Kollegin Luise von Bornstedt, die sie zu Pfingsten auf Rüschhaus erwartet. Mitte Juni – der Tag des Besuches rückt heran – formuliert die Droste brieflich an die Bornstedt folgende Bitte: »Gott gebe Morgen gutes Wetter, dass Sie der Bothenfrau gleich den Bescheid mitgeben können, wann wir Sie erwarten dürfen, – sollten aber die dicken Wolken, die grade eben den Kopf über die Wallhecke strecken, verdrießliche Pläne haben, so sagen Sie, bitte, doch der Frau wann sie wieder vorkommen soll.« Einen Tag später ein weiterer Brief der Droste an die Kollegin: »Der Himmel wird ja wohl endlich ein Einsehn haben mit den Wolkenschlingeln, die, grade unter seinen Augen, die honnettesten Leute begießen.«

Angesichts dieser wetterbedingten Zustände mögen Sie die ganze Dramatik ermessen, die uns Münsterländer allesamt belastet. Weil es regnet, kommen wir nicht vor die Tür, weil wir nicht vor die Tür kommen, lernen wir niemanden kennen, weil wir niemanden kennen lernen, haben wir keine Freunde, und weil wir keine Freunde haben, sind wir genau das, was sowieso alle von uns denken: humorlos und total verbiestert – mit einem Wort: Münsterländer!

Denkste! Dass man trotz schlechten Wetters auch einen liebevollen Kontakt pflegen kann, zeigt ein Brief vom 25. Juni 1840, den die Droste an ihre Freundin Elise Rüdiger schrieb: »Ihren lieben langen Brief, meine gute Elise, fange ich nur auf einem kleinen Blatte zu beantworten an, da ich auf dem Punkte bin nach Hülshoff zu gehen, – regnete es nicht augenblicklich, so müste ich mir die Freude Ihnen zu schreiben noch verschieben [...] doch wird der dicke Regenschauer den ich da, zum Glück ziemlich langsam und melancholisch, heran schwimmen sehe, mir wohl noch ein Stündchen zulegen, wo ich Ihnen, mein gutes Herz, für Ihre Liebe und Freundlichkeit danken, und Sie meiner unveränderten treuen Liebe versichern kann.«

Und in noch einer weiteren Hinsicht kann man vom Segen des münsterländischen Regens sprechen – ein Segen, der ans Eingemachte der begnadeten Dichterin geht: an ihre Kreativität. Im Oktober 1842 schreibt die Droste an Levin Schücking: »... seit es draußen kalt und kothig geworden ist, habe ich mich in meine Winterpoesie gehüllt, – es ist doch sonderbar daß zum Dichten eigentlich schlechtes Wetter gehört!«

Aber steht es um unser Wetter wirklich so schlimm? Gehen wir ihm doch endlich einmal auf den Grund, dem unaufhörlichen münsterländischen Regen. Wenn meine Witterung mich nicht ganz verlassen hat und ich alle meine Erinnerungs-Rinnsale zu diesem Thema zusammenfließen lasse, so ergibt sich folgendes, nur wenig verwässertes Bild: Bestimmend für unser Klima ist eine relativ konstante Luftdruckverteilung mit hohem Druck über Süd- und Mitteleuropa und tiefem Druck über dem Nordatlantik. Dadurch haben wir einen ständig mit Feuchtigkeit getränkten Lufttransport aus westlichen Richtungen – nur in den Übergangsjahreszeiten machen sich östliche Winde und damit trocken-kontinentales Klima geltend. Dieser maritime Einfluss bedingt zweierlei: relativ kühle Sommer und – verursacht durch den Golfstrom, der vom fernen Mexiko aus warme Wassermassen in den nördlichen Atlantik wälzt – milde Winter. Die Niederschläge sind einigermaßen gleichmäßig über das Jahr verteilt. Mit dem Unterschied, dass im Sommer eher die kurzen und heftigen Schauer die Regel sind, während im Winter der leicht betrübliche, für das Dichten aber unerlässliche Landregen die Herrschaft übernimmt.

Und doch: Vergleichen wir die Wassermengen, die im vermeintlichen Regenloch Münster niedergehen, mit den Niederschlägen anderer Städte, ergibt sich ein Bild, das auch der übelmeinendste Fremde einfach nicht ignorieren kann: Münster kommt im Jahr auf 745 mm Niederschläge und liegt damit deutlich unterhalb der Werte von Essen (933 mm), München (934 mm), der deutschen Sonnen-Metropole Freiburg (956 mm) oder gar Siena, der Heimatstadt des Chigi. Die bringt es immerhin auch auf 780 mm.

Deshalb ein Tipp an alle: Macht um unser Wetter nicht immer so eine Welle!

Im Schutze der Kreide

Topographie des Münsterlandes

In einem der vielen handelsüblichen Reiseführer über das Münsterland fand ich einmal folgenden Satz: »Wellige, hügelige und sogar bergige Gebiete finden sich freilich durchaus.« Ein Schmunzeln konnte ich an dieser Stelle nicht unterdrücken. Handelt es sich hierbei doch um einen jener Sätze, bei denen Sprachgestus und Satzinhalt einander aufs Amüsanteste widersprechen.

Können Sie sich einen Schwaben vorstellen, der über sein Land sagte: »Bergige Gebiete finden sich freilich durchaus«? Nein, ich mir auch nicht. Ein Schwabe würde mit allem zur Verfügung stehenden Selbstbewusstsein behaupten: »Bei ohs hats donderschlächtig hohe Berg, desch hasch dei Läbdag no net gsea«, womit Satzinhalt und Sprachgestus wie selbstverständlich in Übereinstimmung gelangen. Vor diesem Hintergrund liest sich die oben zitierte, sehr gewundene Ehrenrettung für das Münsterland nicht anders, als dass es mit unseren »freilich durchaus« vorhandenen Gebirgen dann doch nicht so weit her sein kann.

In genau diesem Sinne fällt uns unser dichtendes Eigengewächs in den Rücken. Danach handle es sich beim zentralen Münsterland um eine Gegend, »die so anmutig ist, wie der gänzliche Mangel an Gebirgen, Felsen und belebten Strömen dieses nur immer gestattet, und die wie eine große Oase, in dem sie von allen Seiten, nach Holland, Oldenburg, Cleve zu, umstäubenden Sandmeer liegt.« Damit findet sich das, was ohnehin alle wissen, noch einmal bestätigt: Flach ist unser Landstrich, und er ist staubig. Also in doppelter Hinsicht nichts für Schwaben.

So wie die raren Worte des Münsterländers aus der weiten Ebene des Unausgesprochenen, ja, Unaussprechbaren ein wenig herausragen, so wird auch das niedrige Niveau des Münsterlandes nur durch einige sachte Erhebungen gestört. Und genau dort, wo sich die münsterländische Bucht zu wirklicher Höhe aufschwingen möchte, endet sie: Im Osten und Nordosten wird sie begrenzt durch Teutoburger Wald und Eggegebirge, im Süden durch Haarstrang und Ardeygebirge. Im Norden und Nordwesten läuft sie in die norddeutsche Tiefebene aus.

Aber wie ist es zu dieser eigenartigen Topographie gekommen? Die Entstehung der münsterländischen Bucht lässt sich am besten mit einem Vergleich aus der hiesigen Küche erklären. Wie Sie wissen, kochen wir Einheimischen immer sehr fettig. Egal, ob Leberbrot, Schweinebraten oder Reibeplätzchen – immer schaut mehr als ein Fettauge bei unserem Gaumenschmaus zu. Und nun stellen Sie sich ebensolche Fettaugen beim Zubereiten einer echten münsterländischen Hühnerbrühe vor. Die von unten aufkommende Wärme erzeugt Konvektionsströmungen in der Flüssigkeit und treibt so die kalorienreichen Inseln gegeneinander, reißt sie in anderen Bereichen auseinander und wirbelt die »Platten« auf horizontaler Ebene so heillos durcheinander, dass sich nichts mehr befindet, wo es eben noch gewesen ist.

Sie merken: Ich rede von der Kontinentalverschiebung. Die hierbei auftretende Energie ist so hoch, dass ganze Landschaften auf charakteristische Weise deformiert werden. Als Beispiele zu nennen wären etwa der Himalaya, die Alpen oder – das Münsterland. Jawohl, das Münsterland. Kein Witz: Am Ende der Karbonzeit vor etwa 300 Millionen Jahren hat sich in unserem Landstrich eine veritable Gebirgswelt entwickelt, deren Amplitude zwischen Berg und Tal der unserer heutigen deutschen Mittelgebirge entspricht.

Doch ach! In der Kreidezeit – vor etwa 90 Millionen Jahren – kam unser Ländchen erneut unter Druck und senkte sich im Laufe der Zeit soweit ab, dass ein Meer in unseren Sprengel einschoss und dort so etwa 25 Jahrmilliönchen verblieb – (auf den einen oder anderen münsterländischen Schnaps kommt es hierbei nicht an). In dieser Zeit lagerte sich nach und nach kalkartige Materie ab. Ein langsamer Prozess, der wie gemächliches Schneerieseln anmuten mag, aber am Ende eine Deckschicht von bis zu 2000 m Stärke über unser karbonzeitliches Gebirge gelegt hat. Durch Verlandung des Münsterlandes haben sich die kalkartigen Materialien zu Kalk-, Mergel- und Tonsteinen verdichtet. Doch damit nicht genug. Denn die bald folgenden Eiszeiten haben uns den Rest gegeben. Die gnadenlos über uns hinweggehenden Gletscher haben das Relief noch weiter abgeflacht, indem sie vorhandene Berge abgeschliffen und Mulden und andere Vertiefungen mit Sanden oder Lehmen angefüllt haben.

Deshalb aufgemerkt, ihr Schwaben, Bayern und anderen Gebirgsvölker: Unsere Ebenerdigkeit ist nicht einfach nur die Abwesenheit von Bergen. Sie resultiert aus dem stolzen Erheben einerseits und dem Herunterdrücken, Überlagern und Einebnen unseres münsterländischen Gebirges andererseits. Zeigen sich da nicht wieder jede Menge Anknüpfungspunkte, die mir erneut eine elegante Überleitung zu unserer Dichterin ermöglichen?

Aber ja doch. Waren Kindheit und Jugend des Reichsfräuleins nicht Ausdruck einer stolzen Selbsterhebung des früh- wie hochbegabten Menschen? Folgten – wie bei allen Hochbegabten – die Einebnungen nicht auf dem Fuße? Wurde nicht bereits dem jungen Mädchen übelgenommen, dass es als Schauspielerin in einer Komödie reüssierte? War nicht – wie bereits erwähnt – auch der große Wilhelm Grimm verärgert über den mitteilungsfreudigen und entfaltungssüchtigen Schmetterling, der da so selbstbewusst und farbenstolz vor seiner Nase herumflatterte? War es nicht gesellschaftlicher Konsens, dass das Dichten und die Beschäftigung mit den großen Fragen der Zeit recht eigentlich unschicklich für Frauenzimmer sei – so ganz nach der Melodie: »Wenn Weiber über ihre Sphäre steigen / Entfliehn sie ihrem eignen bessern (Selb)st / … / Wenn Weiber wollen sich mit Männern messen / So sind sie Zwitter und nicht Weiber mehr«?

Und schließlich: Speiste sich der Mut zur familiären Intrige, die die Dichterin in eine abgrundtiefe Lebenskrise führte, nicht aus der allgemeinen Überzeugung, dass man mit diesem wunderlichen Menschen, der die Droste war, so verfahren zu dürfen glaubte? Bekanntlich hatte sich die Dichterin im Jahre 1820 in den Göttinger Studenten Heinrich Straube verknallt. August von Arnswaldt, ein Kommilitone Straubes, hintertrieb die aufkeimende Liebe zwischen beiden und setzte Annette einer moralischen Prüfung aus. Er machte der Dichterin ebenfalls Avancen, und als Fräulein Nette zu wanken schien, wurde ihre so bewiesene Untreue und Flatterhaftigkeit öffentlich gemacht mit der Folge, dass ihre Beziehung zu Straube passé und sie selber moralisch diskreditiert war.

Wie auch immer. Einige Jahre später – möglicherweise verursacht durch den Tod des geliebten Vaters – ist eine deutliche Veränderung in der Außenwirkung der Dichterin feststellbar, die die bis dato so empfundene soziale ›Unverträglichkeit‹ der genialen Dame ein weiteres Mal spiegelt. Mit einem Male habe sie sich »zu ihrem Vortheil sehr verändert« und zeige »sich jetzt nur von einer wirklichen guthmütigen und liebenswerten Seite«. Diese neu gewonnene Sanftheit und Zugänglichkeit haben übereinstimmend mehrere Menschen aus ihrem Umkreis bezeugt. Wir fragen: Hat die Dichterin resigniert? Und wir antworten: Nein, hat sie nicht. Sie hat – um einen Vergleich aus der münsterländischen Geologie zu bemühen – lediglich die Fluten des Kreidemeeres über sich zusammenschlagen lassen und damit begonnen, sich eine dicke Deckschicht aus Anpassungsleistungen an die gesellschaftlichen Rollenerwartungen und »Convenienzen« zuzulegen – mit dem einen Ziel, das Gebirge in sich zu schützen und es für die Nachwelt zu retten. Klagte sie nicht schon im Jahre 1826: Es »ist eine der schwersten Aufgaben, so recht grundehrlich durch die Welt zu kommen«?

Aufgrund der Sonderstellung, die die hochbegabte Dichterin ohne Frage innehatte, konnte sie nur zu der einen Erkenntnis gelangen, dass sie und das Jahrhundert, in das sie hineingeboren wurde, nicht wirklich füreinander bestimmt waren. 1843 schreibt die wild entschlossene Dichterin, »nie auf den Effect zu arbeiten [...] und unsre blasirte Zeit und ihre Zustände gänzlich mit dem Rücken anzusehn, – ich mag und will jetzt nicht berühmt werden, aber nach hundert Jahren möchte ich gelesen werden«.

Annette von Droste-Hülshoff, dieser wunderliche Mensch: An der Oberfläche mehr oder minder gesellschaftskompatibel, befasste er sich tief im Innern auch weiterhin mit gar wunderlichen Fragen. Ein Beispiel mag das illustrieren: Als vielseitig interessierter Geist verdrückte sich die Dichterin immer wieder im kreidezeitlichen Steinbruch – der »Mergelgrube« –, um die eine oder andere Versteinerung zu entdecken. Und während dieser Arbeit kommt ihr ein Gedanke, den sie ihrem guten Freund Wilhelm Junkmann im Jahre 1839 mitteilte: »... was meinen Sie, wenn ein Mensch mahl so aus seiner viertausendjährigen Kruste hervor kriechen könnte? was müste der nicht fühlen! und was zu fühlen und denken geben! – seltsam bleibts immer, daß man nicht wenigstens versteinerte Menschen findet, auch niemals ein Zeichen menschlichen Fleißes, doch finden sich wohl hundert versteinerte Bäume, aber nie auch nur ein Stückchen Holz, was Spuren der Bearbeitung trüge – so scheint es wohl ausgemacht, daß Alles einer præadamitischen Erdperiode angehört, die jedoch der späteren sehr ähnlich gewesen seyn muß – nur gewaltiger in allen Formen, und ohne die Krone der Schöpfung.«

Sie sehen: Dem ursprünglich-christlichen Glauben, dass die Welt innerhalb einer Kalenderwoche entstanden ist, hängt unsere Dichterin offensichtlich nicht an. Vielmehr fügt sie naturwissenschaftliche Beobachtungen und Erkenntnisse ins biblische Deutungsschema und versöhnt sie mit der Religion. Die spannende Frage bleibt: Wie weit wäre diese Denkerin, die den Verstand ja nie an der Garderobe abgegeben hat, den Erkenntnissen einer Naturwissenschaft gefolgt, die die Religion im Laufe der Zeit immer weiter zurückdrängen sollte? Wo hätte sich dieser münsterländische, querschädelige, unabhängige, naturkundlich geschulte wie interessierte Kopf befunden – so »nach hundert Jahren« und immer im Schutze der kreidezeitlichen Deckschicht?

Herthas Dank

Münsterländische Parklandschaft

Sie vermuten es sicher schon selber: Um Ihnen die Besonderheiten unseres Landstrichs zu erklären, scheue ich keine Mühen und ziehe immer wieder gerne die universalst gebildete Wesenheit unseres Universums zu Rate: Wikipedia. So auch beim Thema »Parklandschaft«. Ich gebe den Suchbegriff »Münsterland« ein und finde – Stand Dezember 2009 – zum Thema »Anthropogene Parklandschaft« eine Erläuterung, die so wortkarg ist wie der Münsterländer selbst: »Die Landschaft ist von intensiver landwirtschaftlicher Nutzung geprägt, die dabei relativ kleinteilig ist. Äcker, Wiesen, Weiden, kleine Wäldchen und Wallhecken ergeben ein abwechslungsreiches Bild, man spricht daher von der ›Münsterländer Parklandschaft‹.« Punkt.

Damit wäre dieses Kapitel eigentlich abgeschlossen. Da ich aber nun einmal festgelegt habe, dass ich in jedem dieser Texte auch etwas über Leben und Werk der Droste erzählen möchte, werde ich auch hier so verfahren – und nähere mich der Dichterin über ihren Lebensabschnittsgefährten Levin Schücking. Der beschreibt in dem Werk »Das malerische und romantische Westphalen« seine Wanderung von der Steinfurter Parkanlage »Bagno« nach Münster mit folgenden Worten:

»Der Fußweg, welcher vom Bagno nach Münster führt, mag lange Zeit nicht gewahren lassen, dass man die Grenzen der Anlagen längst überschritten hat, denn er schlängelt sich durch ein so mannichfach abwechselndes Gelände von Flur und Wald, bergartigem Hügel und Au, Kamp und Gehöfte und wipfelbeschattetem Dorf, dass man noch immer wie in einem englischen Parke sich glaubt; es ist eine vielbebaute, fruchtbare, schöne Landschaft, die, außer dem Vorzuge reicher Abwechselung, durch ihre eigenthümlich schönen Buchen- und Eichenwaldungen voll Nachtigallenschlag und dunkelglänzendem Epheu, durch üppige gelbe Kornfelder und schwerüberästete Obstgärten ein besondres Gepräge warmer heimathlicher Behaglichkeit bekommt.«

Zugegeben: Der Text ist weit über 100 Jahre alt, so dass von dieser Idylle heute sicherlich einige Abstriche gemacht werden müssen. Und dennoch beweist der Vergleich zwischen beiden Darstellungen eindrucksvoll, dass eine Landschaft nicht an sich schön ist, sondern immer erst durch ein empfindsames Gemüt schön wird. Wer wüsste das nicht besser als eben unser Reichsfräulein aus der Nähe von Roxel. (Sie sehen: Jetzt habe ich die Kurve gekriegt.) Ruft sie doch einmal emphatisch aus: »O, du bist immer schön, Natur!« Dies sagt sie allerdings in einem Werk, das von einer alles andere als schönen Natur handelt: von der unwirtlichen Eiseskälte der Walliser Alpen. Deshalb ergänzt sie: »Doch dem, der Hertha's Bild gegrüßt / ... / Bist Königin vernichtend nur!«

Dazu, was es mit dieser Hertha so auf sich hat, später. Zunächst zur Gebirgswelt des Wallis. Mönche betreiben am St.-Bernhard-Pass ein Kloster mit angeschlossener Versehrten-Station: das »Hospiz am Großen St. Bernhard«. Eines Tages rettet der Bernhardiner Barry einen kleinen Jungen aus der Schneewüste und bringt ihn zu den Mönchen. Da sich das Kind aber nicht allein in die alpinen Höhen verirrt haben kann, drängt Barry darauf, sich auf die Suche nach einer zweiten Person zu machen: »Seht, wie das arme Tier sich müht, / Euch eure Pflichten anzusagen«. Also macht sich ein Suchtrupp mitsamt Hund auf den Weg. Ein Unterfangen, das schon bald wegen mangelnden Erfolges abgeblasen wird. Doch Barry lässt nicht locker. Dank seiner Hartnäckigkeit wird zu guter Letzt der Großvater des Kindes entdeckt, gerettet und ins Hospiz gebracht.

Was will uns die Autorin damit sagen? Offensichtlich entspringen Fürsorge und Nächstenliebe nicht so sehr einer christlichen Ethik als vielmehr einem animalischen – angeborenen – Trieb. Die Mönche versagen, das Tier ist der wahre Held. Dieser Imperativ, einander Gutes zu tun, ist so tief in unserer Natur verwurzelt, dass jeder, der mit diesem Gebot nicht in Übereinstimmung lebt, Schaden leiden muss. So etwa der namenlose Arzt in »Des Arztes Vermächtnis«, der tolle Christian in der »Schlacht am Loener Bruch« oder Friedrich Mergel in der »Judenbuche«. Sie alle spalten sich von ihrer wahren Natur ab, begehen oder leben im Unrecht und gehen daran zugrunde.

Hier kommt nun Hertha ins Spiel. Laut Tacitus gab es bei den Germanen kultische Handlungen um die Erdgöttin Hertha. Sklaven erhielten hierbei das Privileg, einen Blick auf ihr Bildnis erhaschen zu dürfen. Und wie dankt es Hertha ihnen? Die Armen wurden getötet. Dasselbe Muster bei allen drei genannten (Anti-) Helden. Sie erblicken – poetisch gesprochen – Herthas Bild und haben damit ihr Leben verwirkt.

Angesichts dieser Alternativen fällt der Droste die Wahl nicht schwer. Sie entscheidet sich für die schöne Seite der Natur. Hören wir ihren Intimus Levin Schücking, der die Droste einmal so beschreibt:

»Sie bewohnte eine Reihe kleiner und niedriger Entresolzimmer, die nach Westen lagen und worin die niedergehende

Sonne ihre Strahlen durch die farbigen Scheiben einiger aus der Schweiz mit heimgebrachter Glasgemälde warf. Im Sommer, wenn die Fenster offen standen, kamen die Schwalben und Finken hereingeflattert und setzten sich zutraulich dicht neben die Bewohnerin des Stübchens auf Tisch und Sofalehne.«

Eine Darstellung, die auf sehr sinnfällige Art und Weise die besondere Affinität der Dichterin zur Natur illustriert. Dennoch trügt die Idylle. Denn die münsterländische Natur hat schon zu Lebzeiten der Dichterin zahlreiche Überformungen durch Menschenhand erfahren. Um im Bild zu bleiben: Die Typisierung als Parklandschaft zeigt, dass die Natur bei uns im Münsterland selbst ein Opfer der allgewaltigen Hertha geworden ist. Im Unterschied jedoch zu den todgeweihten Sklaven berappelt sie sich immer wieder und entwickelt sich zu ganz eigener Blüte.

Ein gutes Beispiel sind die Rieselfelder im Norden Münsters. So recht nach dem Motto von Altkanzler Kohl (»Entscheidend ist, was hinten rauskommt«) wurde Ende des 19. Jahrhunderts eine Kläranlage für Münster immer dringender. Im Jahre 1901 wurde im Norden der Westfalenmetropole eine Freifläche ausgewiesen, auf denen die städtischen Abwässer verrieselt und durch die Filterwirkung der Böden gereinigt wurden. Schlecht für die Atemluft, aber gut für vielerlei Gefieder, auf das die Rieselfelder eine zunehmend magische Anziehungskraft ausübten. Dies bewirkten vor allem zwei gegenläufige Entwicklungen: Während viele natürliche Flachwasser- und Feuchtgebiete in unserem Landstrich durch menschliche Eingriffe trockengelegt wurden, vernässten die Flächen der Freiluft-Kläranlage zusehends durch ständige Zunahme der Abwassermengen.

Heute bestehen die Rieselfelder aus einer Vielzahl an Flachwasser-Teichen, die sich in unterschiedlichen Stadien der Verlandung befinden. Dadurch sind sehr verschiedene Lebensräume entstanden: Wasserflächen, Schlammfluren und breite Röhrrichtgürtel. Hinzu kommen Feucht- und Streuobstwiesen sowie Brachen. Platz genug also für jeden – für die Große Rohrdommel, den Zwergsäger, die Wasserralle, den Knutt, den Steinwälzer, den Wendehals, den Taigazilpzalp und rund 200 weitere Arten. Sie alle tummeln sich in und an den Fluten und haben so gar keine Ahnung, dass sich hier einmal – um es einmal so zu formulieren – eine der größten öffentlichen Toiletten Mitteleuropas befand.

O, du bist immer schön, Natur!

Münsterland-Shuttle auf Beinen

Kiepenkerl

Die wenigen Untersuchungen, die sich mit dem historischen Phänomen des Kiepenkerls auseinandersetzen, verweisen immer auch auf die »Judenbuche« der Annette von Droste-Hülshoff. Dort treibt eine »Bande von Holzfrevlern« ihr Unwesen, die des Nachts illegal Bäume schlägt, um sie hernach in Geld zu verwandeln. Um sich vor strafrechtlicher Verfolgung zu schützen, trug ein jeder dieser Ganoven einen blauen Kittel. Denn das machte sie voneinander ununterscheidbar.

Bei diesen »Blaukittel« genannten Dunkelmännern – so die Erzählerin – sei es »trotz aller Wachsamkeit bisher nicht möglich gewesen, auch nur ein Individuum namhaft zu machen. Ihre Benennung erhielten sie von der ganz gleichförmigen Tracht, durch die sie das Erkennen erschwerten, wenn etwa ein Förster noch einzelne Nachzügler im Dickicht verschwinden sah«.

Damit kein falscher Eindruck entsteht: Selbstredend haben die Dunkelmänner der »Judenbuche« nichts mit den durch und durch ehrbaren Kiepenkerlen aus dem Münsterland gemein. Gott bewahre! Mit Ausnahme ihres uniformen Outfits. So versammeln sie sich auf den regelmäßigen Kiepenkerl-Treffen und stehen dort mit schwarzer Mütze, blauem Kittel, rotem Halstuch, schwarzen Gamaschen und hellbraunen Holzschuhen, dem knotigen Wanderstock in der einen und einem Schnäpsken in der anderen Hand und strahlen vor allem eines aus: münsterländische Gemütlichkeit. Bei dieser grundehrlichen Jovialität fällt es schwer zu glauben, dass die Anfänge des Kiepenkerls vom unteren Rand der frühneuzeitlichen Gesellschaft herrühren.

Schauen wir sie uns an, diese Anfänge. Aus den Weiten der Geschichte kommend, tritt der Kiepenkerl 1474 zum ersten Mal in unser Bewusstsein. Der Kartäuser-Mönch Werner Rolevinck erwähnt in seinem Westfalenlob junge Männer mit ihren »runden Tragkörben, Kiepen nennt man sie hierzulande«. Rolevinck ergänzt, dass diese Männer aus armen Verhältnissen kommen und bereits im Kindesalter eine harte Lebensschule durchlaufen haben. Nun gehen sie im Jünglingsalter mit ihren Körben durch die Dörfer, nichts anderes im Sinn als zu betteln. Rolevinck beschreibt, wie sie Eier sammeln. Sie stellen sich vor die Tür eines jeden Hofes und singen: »Kommt heraus, liebe Frau, und schenkt uns Eier.«

Der Beruf des Kiepenkerls hatte also ursprünglich nichts mit Handel und Wandel zu tun, sondern war Ausdruck der Armut. Entsprechend war das Ansehen. Die Bettler waren »Schmuddelkärle«, Volk vom unteren Rand der Gesellschaft. Mit der Zeit wurde es dann aber doch noch was. So entwickelte sich aus dem Bettelgewerbe eine hochspezialisierte Händlerbranche: Die »Tödden« handelten mit Textilien, die »Pöttkers« mit getöpferten Gütern, die »Saisenmänner« brachten Sensen und Sicheln an den Mann und die »Hannigbrängers« boten Honig aus der eigenen Produktion feil.

Unter soviel Spezialisten gab es auch einen Generalisten: den Einhundertundeins-Mann. Dieser handelte mit allerlei verschiedenen Dingen, die man im Alltag so brauchte. Er brachte Scheren, Töpfe, Garne oder Gabeln von der Stadt auf das Land und tauschte sie dort gegen Eier, Brot, Fleisch oder Butter ein, die er wiederum den Bürgern auf den städtischen Märkten andiente. Dieser Münsterland-Shuttle auf Beinen führte aber noch weitere »Waren« mit sich: Er war Überbringer von Nachrichten, vermittelte Geschäfte und war in vielen Fällen erfolgreich an der Anbahnung münsterländischer Ehen beteiligt.

Mit diesem Aufgabenspektrum gehört der Einhundertundeins-Mann zu der eher gemütlichen Fraktion der Kiepenkerle. Wanderten etwa die Tödden bis nach Holland, Schleswig oder Pommern, um ihre Waren loszuschlagen, pendelte der heimische Wander-Händler entlang der vergleichsweise kurzen Strecken, die Stadt und Land miteinander verbanden. Und in dieser Gemütlichkeit ist er als Kiepenkerl auf uns gekommen und wurde zu einem Ausbund münsterländischer Identität. Bezeichnenderweise aber erst nach seinem historischen Ableben.

Schon bei der Droste, die Westfalen und das Münsterland doch so sehr in ihr Blickfeld genommen hat, ist er nicht mehr nachweisbar. Die Gründe liegen auf der Hand. Die Gelegenheits-Händler professionalisierten sich, wurden wohlhabend und bedienten sich modernster Verkehrsmittel – womit das Bild des blaubewamsten Wanderers aus unserer Landschaft und damit aus unserem Bewusstsein verschwand.

In genau dieser Situation nun feiert der ursprüngliche Schmuddelkärl fröhliche Urständ als münsterländische Lichtgestalt. Im Jahre 1896 – am Ende des Droste-Jahrhunderts – wird in Münster ein Kiepenkerl-Denkmal enthüllt, das der münstersche Bildhauer August Schmiemann geschaffen hat und seitdem vom Wesen echten Münsterländertums kündet. Dass dieses vornehmlich aus einer gewissen Sturheit besteht, haben wir hier ja schon gesagt und finden es in unserem Denkmal ein weiteres Mal bestätigt. Nachdem alliierte Kampfbomber im Jahre 1943 das gesamte Stadtzentrum Münsters in Schutt und Asche gelegt hatten – über 90 % der Innenstadt wurden zerstört – sieht man in Filmdokumenten unseren Kiepenkerl inmitten brennender Ruinen weiter vergnügt seine münsterländische Pfeife schmauchen. Genau diese Szenerie machen sich die Nazis 1944 in Form eines Propaganda-Plakats zunutze. Nun steht der Kiepenkerl für den münsterländischen Durchhaltewillen gegen die heranrückenden Truppen: »Trotzdem und dennoch – Wi staoht fast!« Dass das Denkmal später von einem alliierten Kampfpanzer mutwillig doch noch zerstört wurde ... nun, dieses Faktum könnte möglicherweise gegen unsere Standfestigkeit sprechen, und so lassen wir es hier besser unerwähnt.

Erwähnen möchte ich um so mehr, dass unsere münsterländische Dichterin die einzige Person ist, die als legitime Nachfolgerin unseres körbetragenden Wanderburschen bezeichnet werden darf. Sicher: Sie selbst hat diesen Anspruch nie erhoben. Aber in ihrer ganzen Arbeitsweise als Autorin wirkt sie wie ein – ich möchte es so sagen – umgepolter Kiepenkerl: Während der historische Korbmann immer auf Achse ist, um Waren zu tauschen, tauscht unsere Dichterin ihre »Güter« ortsfest an ihrem Schreibsekretär, wie das Beispiel im Zusammenhang mit der Niederschrift ihres Versepos »Das Hospiz am großen St. Bernhard« deutlich macht.

Um an alle Informationen zu kommen, die sie für eine möglichst wirklichkeitsgetreue Darstellung benötigt, bittet sie ihre Freundin Wilhelmine von Thielmann, ihr diese zu besorgen. Am 12. November 1828 schreibt sie, es wären ihr »über das Innere der Kirche und Sakristey [...] einige Bemerkungen sehr lieb, ja, sogar unumgänglich nothwendig – ob sie groß – wie ihre Form – einige besondere Particuliaretés, z.b. wenn sich irgend auffallende Gemälde darin befinden, – oder ein besonderes Heiligenbild u.s.w. – denn da ich nachher diesen Mönch mit seiner kleinen Laterne, durch die Kirche ins Kloster zurückkehren lasse, und die Beschreibung dieses nächtlichen Ganges einen nicht unbedeutenden Punkt der Erzählung ausmacht, so kann ich nicht umhin, auch so genau wie möglich über die localität zu unterrichten«.

Diese und viele weitere »Particuliaretés« erfragt sie und verwandelt diese – zuhause in ihrer Schreibstube – zu einem tiefempfundenen und sprachmächtigen Epos. Man kann nicht umhin: Das gesamte Werk der Droste selbst ist eine Kiepe – randvoll gefüllt mit Dichtungen, die weit wie der Himmel sind. Ja, die Droste war die letzte aller Korbmänner.

Der Nutzen des Liäpels

Essen und Trinken

Mit tiefem wissenschaftlichen Ernst wurde einmal der Wortteil »-falen« des Begriffes »Westfalen« mit dem lateinischen Wort »Falchovarii« in Verbindung gebracht. Die Übersetzung bedeutet – kein Scherz – soviel wie »Flachmänner« und nimmt Bezug auf unser flachländisches Siedlungsgebiet. Diese These hat sich bis heute als nicht sonderlich tragfähig erwiesen. Dennoch hat die Bezeichnung »Flachmann« für den gemeinen Münsterländer einen gewissen Charme, kann er doch als Symbol für unsere mehr als innige Beziehung zu allem Hochprozentigen gedeutet werden.

Schon im frühen Mittelalter sind in unserem Ländchen nahezu alle Getreidesorten nachweisbar, die als Grundlage für die Herstellung des guten münsterländischen Korns herhalten können. Logisch, dass wir irgendwann daran gingen, daraus etwas zu zaubern, das unsere Laune hebt und uns vor allem mit unserem verregneten Himmel aussöhnt. Und das geht so: Man schrote das Korn, verkleistere es mit heißem Wasser, verwandle die Stärke mit Malz zu Zucker, vergäre den Zucker mit Hefe zu Alkohol, destilliere diesen sodann mehrmals, um alle Geschmacks- und Geruchsstoffe zu entfernen, und verdünne ihn am Ende solange mit Wasser, bis der münsterländische Zaubertrank einen Alkoholgehalt von 32 % (Korn) bzw. 38 % (Doppelkorn) aufweist. Fertig.

Eigentlich bräuchte man sich jetzt nur noch zurücklehnen und es sich so richtig gut gehen lassen. Doch oh weh! Kaum auf der Welt, wurde der »aolle Klaore« bereits als Teufelszeug abgetan. Das war ein großes Malheur für uns alle. Denn da wir einerseits erheblichen Geschmack an dem Selbstgebrannten gefunden hatten, andererseits aber gute Christenmenschen sind, forderte uns diese Form der Verteufelung ein erhebliches Maß an Gehirnakrobatik ab. Ging es doch darum, geschmeidige Begründungen zu ersinnen, die uns ein gutes Gewissen ermöglichten, ohne auf unseren Brandbeschleuniger zu verzichten.

Ein Ansatzpunkt war die so genannte »Schlempe«: Sie fiel als Nebenprodukt beim Kornbrennen an und erwies sich als ein hervorragendes Tierfutter. Da wir als Christenmenschen unser Vieh nicht darben lassen konnten, erklärten wir das Neben- zum Hauptprodukt und brannten weiter Schnaps, was das Zeug hielt – immer zum Wohle der münsterländischen Viehzucht, versteht sich. Auch der Vorwurf des Alkoholmissbrauchs wurde bisweilen nach folgender Melodie ausgehebelt: »Wann ek en aollen Klaoren drinke, sin ek glieks en annern Käl, und worüm soll de annere Käl nich ouk en Schnaps drinken?« (Für Nicht-Münsterländer: »Wenn ich einen alten Klaren trinke, bin ich gleich ein anderer Mensch. Und warum soll dieser andere Mensch nicht auch einen Schnaps trinken?«)

Dank dieser und vielfältiger anderer Haarspaltereien hat der münsterländische Korn die Jahrhunderte überlebt, sich zu einem kulinarischen Aushängeschild unserer Region gemausert und ist eigentlich immer dabei, wenn wir Münsterländer miteinander lustig sind (ja, tatsächlich, so was soll es geben!). Wir trinken ihn dann aus dem Schnaps-Gläschen, dem Pinnken, oder aus einem Zinnlöffel, dem Liäpel, und werden zusehends geselliger.

Neben diesen unbestreitbaren Vorteilen für Psyche und Sozialleben hat der münsterländische Schnaps zudem nicht unerhebliche medizinische Bedeutung. Ich erwähnte ja bereits, dass wir Einheimischen immer sehr rustikal kochen. Die Namen einiger Gerichte, wie Fettsoppen, Möppkenbrot, Wurstebrei, Schlodderkappes oder Moppelkotze, mögen Ihnen eine Ahnung davon geben, wie unser Magen durch unser täglich Brot in Mitleidenschaft gezogen werden kann. Logisch, dass wir unseren Liäpel immer in der Nähe wissen möchten.

Natürlich gilt das auch für unser weitberühmtes Pumpernickel, das der ebenfalls weitberühmte Georg Christoph Lichtenberg respektlos mit Sägespänen verglich. In die gleiche Richtung zielt die Geschichte vom Ursprung des Namens Pumpernickel. So soll ein napoleonischer Soldat, nachdem er von unserem Schwarzbrot gekostet hat, geäußert haben, dass es allenfalls für sein Pferd namens Nickel tauge: »C'est bon pour Nickel.«

Wirklich ungezogen, das! Mir will es so scheinen, als ob unser kulinarisches Nationalheiligtum diese Ablehnung nur aufgrund seiner tiefdunklen Einfärbung erfahren hat – so recht nach dem Motto: Wer hat Angst vorm schwarzen Brote? Deshalb möchte ich Sie – liebe Leserin, lieber Leser – an dieser Stelle beruhigen: Sie müssen vor unserem kleinen, massiven Brot allenfalls in seiner Eigenschaft als veritables Wurfgeschoss Respekt haben. Das Pumpernickel ist in Wirklichkeit äußerst deliziös. Die dunkle Farbe rührt nur vom Zucker her, der aufgrund des langen Backvorgangs karamelisiert.

Schon unsere Annette wollte das gute münsterländische »Schwarzbrod« als Delikatesse von Münster ins ferne Meersburg am Bodensee transportieren – was nur daran scheiterte, dass es »auf die Post gegeben zu viel Porto, und wenn wir es selbst mitnehmen als Ueberfracht noch mehr kosten würde« (soviel zum Thema »klein und massiv«). Auch an der Tafel Friedrich Wilhelms IV. – so hört man – wurde es als eine besondere Spezialität geschätzt. Selbst Dichterfürst Goethe wurde während seines Aufenthalts in Münster im Jahre 1792 mit unserem schwarzen Backwerk versorgt. Und heute findet es seinen Weg über die Ladentheken nahezu der ganzen Welt.

Ist das Pumpernickel also doch ein bonum paniculum, wie es eine weitere Wort-Herleitung nahelegen will? Ein gutes Brötchen? Ich glaube es. Wir lassen uns jedenfalls von den professionellen Miesmachern nicht irritieren und nutzen unser schwarzes Backwerk für allerlei Spezereien – zum Beispiel für Pumpernickelpudding, Pumpernickelsuppe, Pumpernickelsoße, Pumpernickelcreme, Pumpernickeltorte, Pumpernickelkrokant, Pumpernickelsoufflé und – ja – für einen weiteren Klassiker aus unserer Region: für das münsterländische Dreigestirn aus Schwarzbrot, Bier und Schinken. Letzterer verdankt seine Popularität der besonderen Herstellungsweise.

Der münsterländische Schinken erhielt sein typisches Aroma durch den Eichenwald, durch den er sich als fester Bestandteil eines zu diesem Zeitpunkt noch quietschlebendigen Schweines frei bewegen konnte. Die Bedeutung der Eicheln, an denen sich unsere rosa Lieblinge gütlich taten, für die besondere Geschmacksnote wurde so hoch veranschlagt, dass noch im 18. Jahrhundert ein so genanntes Eichenregister existierte, das das zahlenmäßige Verhältnis von Eichen zu Schweinen festlegte.

Nach der Schlachtung des Tieres, das ausgeruht sein musste und keine langen Transportwege hinter sich haben durfte, wurde der Schinken mehrere Wochen gepökelt und dann trocken gelagert. Nicht selten wurde er zudem geräuchert, wozu er in den Rauchfang des bäuerlichen Herdes gehängt wurde. Dort hing er nicht allein, sondern in schöner Geselligkeit mit allem anderen, was sonst noch so alles bei der Schlachtung einer mittelprächtigen Sau anfiel, beispielsweise Würste oder Speckseiten. Klar, dass einem beim Betrachten eines solch prall gefüllten Kamins – des »westfälischen Himmels« – die Augen übergehen. So geschehen beim abenteuerlichen Simplicissimus Teutsch, dem – im Münsterland weilend – die Delikatessen erschienen, »als ob sie mit mir lachten«.

An anderer Stelle beschreibt der ausgemergelte Simplicissimus ein Frauenkloster namens Paradeis auf ganz besondere Weise: »Das Paradeis fanden wir, wie wirs begehrten, und noch darüber anstatt der Engel schöne Jungfrauen darinnen, welche uns mit Speis und Trank also traktierten, daß ich in Kürze wieder einen glatten Balg bekam, denn da setzte es das fetteste Bier, die besten westfälischen Schinken und Knackwürst, wohlgeschmack und sehr delikat Rindfleisch, das man aus dem Salzwasser kochte und kalt zu essen pflegte; da lernete ich das schwarze Brot fingerdick mit gesalzener Butter schmieren und mit Käs belegen, damit es desto besser rutschte, und wenn ich so über einen Hammelskolben kam, der mit Knoblauch gespickt war und ein gute Kanne Bier daneben stahn hatte, so erquickte ich Leib und Seel und vergaß all meines ausgestandenen Leids. In Summa, dies Paradeis schlug mir so wohl zu, als ob es das rechte gewesen wäre.«

Sie sehen an den Begriffen »Himmel« und »Paradeis« – immer rühren wir mit unserer Form der Ernährung auch an die letzten Dinge. So gibt es nur bei uns ein Menü, das sich

Münsterscher Rosenkranz nennt und wesentlich aus einer Vielzahl kleiner Bratwürste besteht. Darstellungen landwirtschaftlicher Szenen haben Eingang ins Paradies (sic!) des münsterschen Domes gefunden. Ein Fenster der Soester Wiesenkirche zeigt das Abendmahl auf gut münsterländisch – mit Schinken, Bier, dunklem Brot und Schweinskopf.

Und auch der Weg zum heiligen Sakrament der Ehe führt immer über die münsterländische Küche, wie Annette von Droste-Hülshoff über die Anbahnung eines münsterländischen Lebensbundes zwischen Mann und Frau schreibt. Der Freier »tritt an einem Nachmittage in das Haus der Gesuchten, und zwar jedes Mal unter dem Vorwande, seine Pfeife anzuzünden, – die Hausfrau setzt ihm einen Stuhl, und scharrt schweigend die Glut auf, dann knüpft sie ein gleichgültiges Gespräch an vom Wetter, den Kornfrüchten etc., und nimmt unterdessen eine Pfanne vom Gesimse, die sie sorgfältig scheuert und über die Kohlen hängt. – Jetzt ist der entscheidende Augenblick gekommen. – Sieht der Freier die Vorbereitungen zu einem Pfannkuchen, so zieht er seine dicke silberne Uhr hervor und behauptet, sich nicht länger aufhalten zu können, werden aber Speckschnitzel und Eier in die Pfanne gelegt, so rückt er kühnlich mit seinem Antrage heraus, die jungen Leute wechseln »die Treue«, nämlich ein Paar alter Schaumünzen, und der Handel ist geschlossen.«

Speckschnitzel und Eier als Unterpfand einer glücklichen Ehe – auf so etwas können nur wir Münsterländer kommen.

Künstler qua Geburt

Literatur und Kunst

Wie habe ich ihn verehrt, den Götterliebling Heinrich Heine. Seine Sprache – von einer Leichtigkeit. Seine Gedichte – wie hingeflüstert. Sein Spott – einfach himmlisch. Umso mehr fiel ich aus allen Wolken, als ich erkennen musste, dass sich dieser Spott auch gegen unser Ländchen richtete. In dem Widmungsgedicht »An Fritz van Beughem!« schreibt das Rheinische Schandmaul: »Mein Fritz lebt nun im Vaterland der Schinken, / Im Zauberland, wo Schweinebohnen blühen, / Im dunkeln Ofen Pumpernickel glühen, / Wo Dichters Geist erlahmt, und Verse hinken.«

Eine bodenlose Frechheit! Tut er doch so, als ob unser Landstrich nicht gerade auch die berühmtesten Dichter zu literarischen Großtaten getrieben hätte. Keinen Geringeren als Dichterfürst Goethe verführte der Aufenthalt in Münster zu einem Gedicht mit – man mag es kaum glauben – deutlich erotischen Anklängen. Aber hören Sie selbst die Verse, die mit dem Titel »Der neue Amor« überschrieben sind:

Amor, nicht das Kind, der Jüngling, der Psychen verführte,
Sah im Olympus sich um, frech und der Siege gewohnt;
Eine Göttin erblickt er, vor allen die herrlichste Schöne,
Venus Urania wars, und er entbrannte für sie.
Ach! die Heilige selbst, sie widerstand nicht dem Werben,
Und der Verwegene hielt fest sie im Arme bestrickt.
Da entstand aus ihnen ein neuer, lieblicher Amor,
Der dem Vater den Sinn, Sitte der Mutter verdankt.
Immer findest du ihn in holder Musen Gesellschaft,
Und sein reizender Pfeil stiftet die Liebe der Kunst.

Von erlahmendem Dichtergeist also keine Spur. Zu Zeiten Goethes nicht und ebenso wenig vorher wie nachher. Im Jahre 1487 veröffentlichte der Münsteraner Probst und Domkapitular Rudolf von Langen den ersten in Deutschland gedruckten Gedichtband des Humanismus. 1699 brachte der Barockdichter Hans Jakob Christoffel von Grimmelshausen sein berühmtes Werk über den »Simplicissimus« heraus, den er einige Abenteuer auch in unserem Sprengel bestehen ließ. Carl Leberecht Immermann begann seine literarische Arbeit während seines mehrjährigen Aufenthalts in Münster. Clemens Brentano verarbeitete zahlreiche Visionen unserer Nationalheiligen Anna Katharina Emmerick in seinen Schriften. Der Expressionist August Stramm brach von Münster aus in die literarische Moderne auf. Nobelpreisträger Günter Grass ließ im Wallfahrtsort Telgte eine Horde Barockdichter zusammentreffen. Und nicht zuletzt hat sich ein Mönchengladbacher mit dem Vornamen Burkhard dazu entschieden, in unseren Breiten seine Erzählfäden zu spinnen. Nicht zu vergessen auch die mundartlichen Dichter wie Karl Wagenfeld oder Augustin Wibbelt sowie die vielen hoffnungsvollen Talente der Krimi-Kunst, die mehr Einheimische über die Klinge springen lassen, als unser Sprengel überhaupt aufweist. Zumindest gefühlt.

Es ist wahr: Wir sind kein schwäbisches Dichterländle mit all seinem überbordenden Reichtum an erstrangigen Dichtern. Aber: Haben wir dieses Überangebot nötig? Ich glaube nicht, können wir doch stolz auf unsere Droste verweisen, die es allemal mit all den Schillers, Hölderlins, Wielands, Uhlands und Mörikes dieser Welt aufnimmt. Sie glauben mir nicht? Dann sei es Ihnen hier einmal ins Stammbuch geschrieben: Die Droste war nicht nur Meisterin der Dichtkunst, nein, sie spielte Klavier, komponierte, sang, schauspielerte, zeichnete und und und ... so, als ob die ganze kreative »Unruhe«, die in dem Fräulein steckte, gleich mehrere Ventile erfordert hätte. Es ist mit den Händen zu greifen, dass der liebe Gott die vorhandenen Talente, die er jedem Landstrich in gleicher Anzahl mitgibt, bei uns im Münsterland eben auf nur eine Person konzentriert hat.

Aber das ist nur ein vordergründiger Erklärungsversuch. In Wahrheit sind wir es, die den Vorrang vor allen anderen deutschen Landen haben. Denn wir Münsterländer sind – gewissermaßen qua Geburt – allesamt große Künstler und Poeten. Diesen Schluss legt zumindest eine Passage nahe, die das Münsterland-Kapitel des Reiseberichts »Das malerische und romantische Westphalen« einleitet. Der Gedankengang dieses von Ferdinand Freiligrath und Droste-Intimus Levin Schücking herausgebrachten Werkes ist etwa folgender: Das Münsterland war seit jeher unwirtlich und abgeschieden. Eine Welt, die sich immer gleich blieb. Jeden Tag dieselbe mühevolle Arbeit, jeden Tag dieselbe reizarme Naturkulisse. Der Geist hat keine Chance, sich an die Oberfläche der Dinge zu heften. Die »todte Natur drängt die Gedanken des Menschen in seine eigne innere lebendigere Schöpfung«, sie führt »ihn in die Tiefe, wo des Wunderbaren so viel liegt«. Das Ergebnis ist eine »Weltanschauung, deren Centrum der liebe Gott« ist, der uns besonders nahe ist, »keine Viertelstunde über den rothglühenden Wolken der Abendsonne«. Es handelt sich um eine »Art von stiller entsagungsvoller Poesie«, die sich überall niederschlägt: in den Institutionen, den Gesetzen, den Sitten und nicht zuletzt auch in der Kunst.

Gerade die frühesten künstlerischen Werke der westfälisch gewordenen Münsterländer machen dieser Aussage alle Ehre. Was immer ihr Schaffensdrang ihnen in den Sinn gab – immer entstehen Artefakte für die kirchliche Liturgie: Kelche, Leuchter, Kreuze, Buchdeckel, Altäre, Teppiche,

Wandgemälde, vor allem aber Reliquiare. Tatsächlich richtete sich das Interesse wie besessen besonders auf alles, was zur Aufbewahrung von Dingen dienen konnte, die von Heiligen stammten oder mit ihnen in Berührung gekommen waren. Und so entstand bald ein ganzer Kosmos unterschiedlichster Reliquiar-Typen: Bursen, Kreuze, Figuren, Kästen und Schreine.

Die Frage ist: Warum nur dieses manische Haschen nach den irdischen Überbleibseln der Heiligen? Vielleicht, weil der Heiligste unter den Heiligen – Jesus – uns zu jener Zeit Lichtjahre entfernt erschien? Fast will es mir so erscheinen. Auf bildlichen Darstellungen der Romanik thront er weit über unserem irdischen Jammertal. Eingefasst von einer mandelförmigen Aura geht er ganz in seiner Rolle als Weltenherrscher auf – so zu sehen auf dem Codex Aureus des Stifts Freckenhorst. Kein Wunder, dass ihn in dieser Entrücktheit auch der irdische Schmerz nicht erreicht. Kreuzesdarstellungen, wie etwa das Erphokreuz der Stiftskirche St. Mauritz, stellen den Gottessohn ziemlich entspannt dar – Martyrium und Tod durch eine nicht zu übersehende Lässigkeit trotzend. Always look on the bright side of life ...

Das sollte sich allmählich ändern. In der Gotik steigt Jesus vom Firmament herab zu uns und wird Mensch. Unser Leiden ist jetzt auch sein Leiden. Abgemagert, mit schmerzverzerrtem Gesicht und in erbarmungswürdiger Haltung hängt er etwa am Gabelkreuz von St. Lamberti zu Coesfeld und übernimmt nun die Funktion, das Mitleiden des Betrachters zu provozieren. Dasselbe abgrundtiefe Leid springt uns aus den zahlreichen Vesperbildern unseres Landstrichs entgegen. Ebenso aus den Tafelbildern, die seit dem 12. Jahrhundert vornehmlich auf den Aufbauten der Altarrückseite realisiert wurden und sich bis zum 15. Jahrhundert zu wahrer Blüte entwickelten.

Lange Lanzen durchbohren den Leib Christi. Doch etwas irritiert beim Betrachten dieser Gemälde: Die biblischen Geschichten des Altertums ereignen sich im mittelalterlichen Hier und Jetzt. Die Menschen am Kalvarienberg sind wie Zeitgenossen des Malers gewandet, Maria bewegt sich in gotischer Architektur, viele szenische Details stellen Alltagssituationen des ausgehenden Mittelalters dar. Ganz offensichtlich erhielt die irdische Gegenwart einen Eigenwert und wurde »kunstwürdig«. Damit stand die münsterländische Kunst an der Schwelle zu einer Kunstauffassung, die sich Inhalte und formale Gestaltung von niemandem mehr bestimmen lassen wollte. Den entscheidenden Schritt in die Autonomie der Kunst tat der Bocholter Freund und Kupferstecher Israhel van Meckenem (d. J.), der in einer Abfolge von 12 Blättern das Alltagsleben seiner Zeitgenossen festhielt. Die Renaissance hielt Einzug ins Münsterland.

Nun war alles möglich. Nun konnte ein Künstler wie Hermann tom Ring an einem Tag sich den Themen des Jenseits widmen, am anderen in die Details eines durch und durch diesseitigen Halsschmuckes vertiefen. Nun wurde der leibhaftige Gottseibeiuns, der Wiedertäufer Jan van Leyden, ebenso porträtfähig wie der knollennasige Stararchitekt Conrad von Schlaun. Nun konnte das liebreizende Antlitz der Bürgerlichen Katharina Schücking ebenso malerisch eingefangen werden wie die eher herbe Schönheit einer Adeligen namens Annette von Droste-Hülshoff. Und nicht zuletzt konnte ein Objekt wie das öffentliche Pissoir am Domplatz zu Münster ein Gegenstand künstlerischen Gestaltungswillens werden. Bekanntlich hat der Künstler Hans-Peter Feldmann diesen bis dato unangenehmen Lokus für die skulptur projekte 2007 in einen *locus amoenus* verwandelt.

Mit dieser alle 10 Jahre stattfindenden Skulpturenausstellung bin ich an einem weiteren wichtigen Punkt der münsterländischen Kunstgeschichte angelangt: dem Bildersturm. Wie schon die Wiedertäuferzeit führt uns auch dieses städtische Mega-Event eines klar vor Augen: Nicht nur die Kunst beansprucht Eigenständigkeit, nein, auch der Kunstbetrachter hat bisweilen so seine eigene Meinung. Und einige dieser »Rezipienten« waren im Jahre 1977 dezidiert der Meinung, dass die überlebensgroßen »Billardkugeln« von Claes Oldenburg – im Rahmen der 77er-Ausstellung am nordöstlichen Ufer des Aasees installiert – in ebendiesen versenkt gehörten. Mit Materialien, die sie von einer nahen Baustelle entwendeten, gelang es ihnen, eine der drei Kugeln aus der Verankerung zu hebeln. Nur das Eintreffen der Polizei konnte Schlimmeres verhüten.

In der Rückschau war dieses Zerstörungswerk natürlich ein Fehler. Auch angesichts des Erfolgs, den sich die Ausstellung über die Jahrzehnte erarbeitet hat. Deshalb im Jahre 2007 nun reumütige Bekenntnisse. In einem Artikel mit dem schönen Titel »Störfaktor Kunst« schreibt einer der damaligen Aktiven: »Ich gestehe es, ich war dabei.« Und veröffentlicht diesen Artikel im zentralen Magazin, das während der Skulpturenausstellung von ihren Machern regelmäßig herausgegeben wird. Und beginnt damit eine ständige Kolumne. Und schlägt nun eine Bresche *für* die moderne Kunst. Mit Heldenmut richtet er sich zum Beispiel gegen alle Trittbrettfahrer, die die mittlerweile berühmte Ausstellung für die Beförderung eigener Projekte missbräuchten. Wie schön, schoss es mir spontan durch den Kopf, dass dem Autor solches Eigeninteresse fremd ist – so wie er das Magazin für sich als Forum genutzt hat.

Aber Sie haben recht, Ironie ist hier völlig fehl am Platz, können wir doch aus dieser wundersamen Entwicklung positive

Lehren ziehen: Im Unterschied zu anderen Weltgegenden übernimmt die hiesige Kunst noch die Funktion einer moralischen Anstalt. Sie ist in der Lage, selbst die kunstfernste Seele noch dem Schönen zu öffnen.

Der Westfale als Tier

Pferdehochburg Münsterland

Wenn es eine Bezeichnung für unseren Landstrich gibt, die gerade bei uns Münsterländischen Männern selbstvergessene Verzückung hervorzurufen vermag, dann doch diese: Heimat der Hengste. Dabei übersehen wir geflissentlich, dass es sich hierbei um den Titel eines Sachbuches handelt, das sich mit der Geschichte des Warendorfer Landgestüts beschäftigt. Also ganz ruhig, Brauner: Mit den Hengsten sind hier wirklich nur männliche Pferde gemeint.

Und deren Lendenkraft nutzte der preußische Staat gezielt für die Stärkung seiner wirtschaftlichen wie militärischen Potenz. Ging es doch darum, Arbeitstiere für den Ackerbau ebenso wie kriegstaugliche Pferde für Kavallerie und Artillerie zu entwickeln. Deshalb gründete Preußen im Jahre 1732 eine Gestütverwaltung, die die Pferdezucht in seinem Herrschaftsbereich zentral organisierte. Ein weiterer Meilenstein zum »Designerpferd« ist das »Königlich-Preußische Landgestüte Reglement«, das – von Friedrich Wilhelm II. im Jahre 1787 erlassen – preußisch-präzise Festlegungen enthielt. Ein Dokument, das u. a. die Auswahl von Hengst und Stute zur hoheitlichen Aufgabe machte, unumstößliche Aussagen zur ›Belegungsrate‹ der erwählten Stuten traf und auch das Alter bestimmte, ab dem Erstbeschäler ihren verantwortungsvollen Dienst für König und Vaterland antreten durften.

Regelungen, die spätestens ab 1815 auch für uns Münsterländer ihre Gültigkeit erhielten, weil wir als Bewohner der nunmehr preußischen Provinz Westfalen dem Stammesgebiet der Pruzzen zugeschlagen wurden. Es war demnach nur noch eine Frage der Zeit, dass die Beschälung auch bei uns mit konsequent militärischer Disziplin erfolgte: strammgestanden in Reih und Glied. Im Jahre 1826 – dem Jahr, in dem der Vater der Droste verstarb und die junge Dichterin mit Schwester Jenny und ihrer Mutter von Burg Hülshoff ins Rüschhaus umzog – errichtete der Staat in Warendorf ein eigenes Landgestüt, das von nun an für eine geregelte Pferdezucht zwischen Rhein und Weser zu sorgen hatte.

Leider blieb ein durchschlagender Erfolg lange aus, weil die Zuchtinteressen des Staates und die der hiesigen Pferdezüchter im wahrsten Sinne des Wortes nicht zur ›Deckung‹ zu bringen waren. Und so herrschte auch weiterhin ein großes Tohuwabohu unterschiedlichster Rassen. Weder für das Militär noch für die Landwirtschaft wollten unsere münsterländischen Klepper wirklich etwas taugen. Deshalb kam es im Jahre 1904 unter Einbeziehung der hiesigen Züchter zur Gründung des Westfälischen Pferdestammbuchs, das einheitliche Zuchtziele für unseren Landstrich definierte. So wurde beispielsweise für die Warmblutzucht zwar nicht gerade die eierlegende Wollmilchsau verlangt, aber so etwas Ähnliches: ein – wie es so schön heißt – »kräftiges, gut gebautes, gängiges Reit-, Wagen- und Arbeitspferd«. Auf dieser Grundlage bildete sich allmählich eine einheitliche Zuchtlinie mit der Rassebezeichnung »Westfale« heraus.

Doch oh weh! Kaum zum Tier geworden, verlor der Westfale durch die fortschreitende Motorisierung nach dem Zweiten Weltkrieg an Bedeutung. Kein Pflug für ihn mehr, der durch die Böden unseres Ländchens gezogen, kein Heuwagen mehr, der schwer beladen heimwärts bewegt werden musste. An Pferdestärken deutlich überlegen, übernahm der Traktor immer mehr Aufgaben unseres einheimischen

Zossen. Wohin also mit ihm? Eine Frage, die man münsterländischen Züchtern nicht zweimal stellen muss. Ein paar Kreuzungsbemühungen weiter, und der Westfale war zu einem sportiven Hochleistungspferd umgearbeitet.

Im Brennpunkt dieser Entwicklung stand auch hier das Landgestüt in Warendorf, das nach dem Zweiten Weltkrieg in den Besitz des Landes Nordrhein-Westfalen übergangen war. Mit modernsten Methoden hält es Spermien für die münsterländischen Pferdedamen des Umlands bereit. Und das mit großem Erfolg. Ob tiefgefroren oder frisch vor Ort produziert – aus unserem Qualitätssamen entwickeln sich Kandidaten für die höchsten Auszeichnungen. So der legendäre Ahlerich, der 1984 und 1988 olympisches Gold holte. Aus gutem Grund warb das Gestüt einmal mit dem Slogan: »Ihr Anbieter für leistungsgeprüfte Hengste.«

Ob allerdings hier nicht besser die Formulierung »leidgeprüfte Hengste« angebracht gewesen wäre, sei dahingestellt. Ich könnte mir aber gut denken, dass nicht wenige dieser armen Geschöpfe sich hinüberträumen in jenes Paradies, wo Pferd noch Pferd sein darf, in jene fabelhafte Welt, in der nichts muss und alles kann: in den Merfelder Bruch.

In diesem Flecken etwa 12 km westlich von Dülmen leben die letzten Mohikaner einer einstmals über das gesamte Münsterland – und darüber hinaus – verbreiteten Population wild lebender Pferde. Seit Menschengedenken hoppelten sie durch unseren Landstrich, pflanzten sich auf eine ziemlich freiwillige und entspannte Art fort und lebten von dem, was die Umwelt so alles zu bieten hatte. Je mehr sich allerdings der *Mensch* zum maßgeblichen Umweltfaktor entwickelte, desto mehr mussten sie sich dann in der Tat bieten lassen.

Durch Inbesitznahme und Aufteilung des Landes sowie durch die zunehmende Technisierung wurden die frei flottierenden Verbände immer weiter in Gebiete zurückgedrängt, die sich dieser raumgreifenden Ökonomisierung widersetzten. Das waren in aller Regel Moore, Sümpfe, Bruch- und andere unwegsame Wälder. Und so entstanden im Laufe der Zeit die voneinander isolierten Wildbahngestüte der Davert, des Tungerloher Bruchs, des Merfelder Bruchs sowie – um über den engeren münsterländischen Bereich hinauszublicken – des Duisburger Waldes, der Senne und des Emscher Bruches.

Im Begriff, sich deutlich zu vergaloppieren, machte der Mensch dennoch wie vom Furor geritten in seinem Eroberungszug weiter – bis sich so nach und nach ein Herdenverband nach dem anderen in die ewigen Jagdgründe verabschiedete. Einzig das Merfelder Gestüt hat sich bis in die heutige Zeit retten können. Und das kam so: Im Jahre 1845 richtete der Herzog von Croÿ für die Wildpferde ein kleines Schutzreservat ein. Tummelten sich dort zu Beginn etwa 20 der guten, alten, münsterländischen, unverbogenen Mähren, wuchs die Herde kontinuierlich an und weist heute etwa 300 Exemplare auf, die hier auf einer Fläche von 350 Hektar ihren Grund zu leben finden.

Doch so wild-romantisch sich diese Idylle auch ausnimmt – so ganz ohne menschliche Eingriffe geht es auch hier nicht. Im Winter wird das Nahrungsangebot durch Zufütterung erweitert, kranke Tiere werden kontinuierlich entfernt, der Lebensraum bleibt begrenzt, und auch die Zucht – hier schließt sich der Kreis – bleibt ein Kapitel, in dem der Mensch mehr als nur einen Finger im Spiel hat.

Denn die Fortpflanzung hat auch hier mit freier Liebe nicht das Geringste zu tun. Damit es zu spontanen Aktivitäten zwischen den Geschlechtern gar nicht erst kommt, werden die männlichen Nachfahren mit dem ersten Lebensjahr aus der Herde entfernt. Hält der Mensch den Zeitpunkt für die ›Nachwuchsförderung‹ gekommen, lässt er einen ausgewählten Hengst zur Herde, der sich daran nun ordentlich abarbeiten kann. Erweist sich dieser als zu gemütlich und seiner Aufgabe nicht gewachsen, wird ein zweiter Hengst ins Reservat gelassen. Das erzeugt zwischen beiden einen Konkurrenzdruck, der sicherstellt, dass wirklich auch jede Stute – Migräne hin oder her – belegt wird. Freie Wildbahn für die Sinne.

Und was sagt uns das? Wirkliche Liebe zwischen Pferden ist bei uns im Münsterland offensichtlich ein Ding der Unmöglichkeit. Eigentlich gibt es sie nur noch zwischen Mensch und Pferd – oder genauer: zwischen weiblichem Mensch und Pferd. Wissenschaftliche Untersuchungen der jüngeren Zeit haben zutage gefördert, was ohnehin jeder geahnt hat: Während Männer das Pferd als Statussymbol betrachten und ihrem Leistungsdenken unterordnen, ist es für Mädchen ein Gegenstand der Fürsorge. Die junge Dame möchte dem Tier seine ganze Liebe und Zuwendung geben und erhält dafür im Gegenzug Geborgenheit und Trost. Im Rahmen dieses gegenseitigen Fürsorge-Modells sei das Pferd, so der Psychologie-Professor Harald Euler, »das größte und letzte Kuscheltier« vor dem Übergang der jungen Dame von der Herkunftsfamilie zur eigenen Fortpflanzungsfamilie.

Darf man dieses besondere Verhältnis zwischen Pferd und Pferdepflegerin nicht getrost auf jene Liaison übertragen, die die Droste Anfang der 1840er Jahre mit dem 17 Jahre jüngeren Schriftsteller Levin Schücking begann? Ein Versuch ist es wert. Wie sehr Schücking für das alternde »Madämchen« Trost und Geborgenheit bedeutete, wird in einer Situation deutlich, wo sie den jungen Schriftsteller entbehren muss. So seufzt die Dichterin am 4. Mai 1842: »... lieber Himmel! warum habe ich einen so schönen Tag ohne dich genießen müssen! Ich habe immer immer an dich gedacht, und je schöner es war, je betrübter wurde ich, daß du nicht neben mir standest, und ich deine gute Hand fassen konnte.« Kein Wunder also, dass die Dichterin den aufstrebenden jungen Mann immer wieder mit einer einschlägigen Vokabel belegt: »Endlich ein Brief von dem kleinen Pferde« schreibt sie einmal erleichtert und meint damit ihren jungen Geliebten. Ein anderes Mal bittet sie: »... friß mich nicht, kleines Pferd«, um an dritter Stelle erfreut auszurufen: »Sie sind doch ein gar liebes kleines Pferdchen.«

Man kann es gar nicht anders sehen: Levin Schücking ist das letzte »Kuscheltier« im Leben der Droste. Ein Kuscheltier, das Bedeutsames für die Literaturgeschichte geleistet hat. Denn im Winter 1841/42 weilten Schücking und die Droste gemeinsam am Bodensee. Und in dieser Zweisamkeit übernahm »das Pferdchen« die Funktion eines literarischen Katalysators: Beflügelt durch seine Gegenwart haute die Poetin ein Gedicht nach dem anderen heraus, eins ums andere für die Ewigkeit bestimmt.

Ein Kuscheltier allerdings auch, das sich schon bald gegen dieses offenbar unbefriedigende Streichelzoo-Dasein auf seine eigene Art wehren sollte. Die Dichterin lehnt eine Beziehung ab, die »mit allerlei physischen Dingen in Rapport steht« – wie Schücking in seinem Roman »Das Stiftsfräulein« eine gewisse Katharina von Plassenstein ausrufen ließ, die dem Reichsfräulein aus Roxel nicht unähnlich ist. Im Jahre 1843 heiratet der junge Mann die Schriftstellerin Louise von Gall und gründet mit ihr eine Familie, der insgesamt 5 Kinder entsprießen. Als hätte das poetische Fräulein die nahende

Entfremdung vorausgeahnt, schreibt sie im Mai 1842 – also in einer Zeit des noch ungetrübten Hochgefühls – an ihren Geliebten: »... das Vergehen und nie so Wiederkommen ist etwas Schreckliches!«

Spätestens im Jahre 1843 endet diese Liebe ebenso wie die anderen im Leben der Droste – unerfüllt und also tragisch.

Auf- und Abstiege

Burgen und Schlösser

Ich weiß gar nicht, ob Sie's wussten, aber aus der südöstlichsten Ecke der münsterländischen Bucht stammt ein Komiker, der nimmt es zuweilen ganz genau. Im chinesischen Restaurant bestellt er Huhn mit acht Kostbarkeiten, kommt beim Durchzählen aber auf nur sieben. Das ist doch egal, denkt unser Freund aus dem Paderbornschen, das ist doch sowas von egal. Ist halt 'ne ganz andere Kultur, der Chinese.

Diese beispielhafte Gutmütigkeit hindert unseren Ostwestfalen am Ende aber dann doch nicht daran, seinen kleinen Vorteil aus dieser Unkorrektheit zu ziehen. Er weist sich als Mitarbeiter des Ordnungsamtes aus und schlägt so eine Flasche Moët et Chandon, ein paar Goldfische und ein chinesisches Tischlämpchen heraus.

So sind sie, die Paderborner. Einem Münsterländer würde ein solches Fehlverhalten nicht unterkommen. »Gänzlich abgeneigt, sich ungesetzlichen Handlungen anzuschließen«, so die Beobachtung der münsterländischen Dichterin, »kömmt ihm doch an Mut, ja Hartnäckigkeit, des Duldens für das, was ihm recht scheint, Keiner gleich«. Es ist wirklich so: Immer befolgen wir die irdischen wie himmlischen Gesetze. Und: Ehrlich und geradeheraus, wie wir sind, können Sie jedes unserer Worte für bare Münze nehmen. Jedes.

Zum Beispiel den Begriff »100-Schlösser-Route«. Man käme gar nicht auf die Idee, hier mal nachzuzählen. Wo 100 drauf steht, ist auch 100 drin. So, als ob der gesamte münsterländische Adel über die Jahrhunderte hinweg an nichts anderes gedacht hat, als eine absolut marketingfähige Anzahl hochwohlgeborener Landsitze hervorzubringen. Eben 100. Und so ist der fremde wie einheimische Pedalritter ein wenig irritiert, wenn er in einem Fahrrad-Führer mit dem Titel: »Münsterland – 100 Schlösser Route« ab der Zahl 45 nicht mehr weiterzuzählen weiß, eben weil mehr Reiseziele nicht aufgeführt sind.

Das ist doch egal, denken wir uns im Stillen, das ist doch sowas von egal. Zumal es durchaus beachtenswerte Versuche gibt, diese magische Zahl 100 in irgendeiner Form mit Fakten zu unterfüttern. So gab es Tourenführer, die genau diese 100 Häuser, Landsitze, Burgen und Schlösser aufwiesen – allerdings unter Zuhilfenahme von Bauwerken wie Haus Berge in Gelsenkirchen-Buer, Haus Hugenpoet in Essen-Kettwig oder Haus Brünninghausen in Dortmund. Orte, die nicht mehr wirklich zu unserem Stammesgebiet gehören.

Die in dieser Hinsicht anrührendste Unternehmung bietet ein Tourenvorschlag aus dem Jahr 2009. Er übererfüllt das Soll und kommt auf sage und schreibe 110 Adelssitze! Und alle – wirklich alle! – aufgeführten Ziele befinden sich innerhalb unseres Heimatlandes. Wie das? Die Kategorisierung der Tourenempfehlung verrät es. Sie unterteilt in »absolut sehenswerte Schlösser und Burgen«, in »sehenswerte Schlösser und Burgen« und in – jetzt kommt's – »Schlösser und Burgen am Wegesrand«. Sie vermuten richtig: Das, was in anderen vergleichbaren Reiseführern unter den Tisch gefallen ist, wird hier zusammengefegt und als Fingerfood angeboten. Guten Appetit!

Aber wie auch immer: Seien Sie herzlich willkommen auf der 45- bis 110-Schlösser-Route. 960 Kilometer warten darauf, von Ihnen erradelt zu werden. Wie nebenbei entfaltet sich vor Ihren Augen eine fast 1000-jährige Baugeschichte, die von Anbeginn einer Leitfrage gewidmet war: Wie kann man unter unseren flachländischen Bedingungen ein Höchstmaß an Wehrhaftigkeit herstellen? Schon frühzeitig nutzt man hierbei ein Material, das es bei uns im Überfluss gibt: das Wasser.

Radeln Sie mit uns durch die Entwicklungsgeschichte des münsterländischen Burgen- und Schlösserbaus! Sehen Sie hier die ersten auf künstlichen Hügeln errichteten Wehranlagen – so genannte »Motten«, die mit einfachen oder doppelten Ringgrabensystemen versehen wurden. Schauen Sie jetzt die Ringmantelburg, die – von einer mehr oder weniger kreisförmigen Mauer eingefasst – erhöhten Schutz in konfliktträchtigeren Zeiten versprach. Richten Sie Ihren Blick auf die Entstehung der Zweiinsel-Anlage, bei der Herrenhaus und Wirtschaftsgebäude durch einen zusätzlichen Wassergraben voneinander getrennt wurden. Werfen Sie Ihr Auge jetzt in die Renaissance, wo die Wehranlagen zunehmend in Orte der herrschaftlichen Repräsentation verwandelt wurden. Erblicken Sie hier die barocke Prachtentfaltung in unserem Ländchen, die nicht nur alle Gebäude, sondern das komplette Umfeld einem unbändigen Gestaltungswillen unterwarf. Erspähen Sie nun noch das Aufkommen der eher verspielten maisons de plaisance, die einzig dem Vergnügen des Hausherrn gewidmet waren. Und sehen Sie, wie nach der Französischen Revolution Schluss mit Lustschloss war, und seitdem der Zahn der Zeit an so manchem Prachtbau knabbert.

So etwa Haus Stapel, das – seit dem 16. Jahrhundert Adelssitz – im 19. Jahrhundert um einen klassizistischen Bau erweitert wurde, weil ein Onkel unserer Dichterin, Ernst

Konstantin Freiherr von Droste zu Hülshoff, im Laufe der Zeit 22 Kinder in die Welt setzte und entsprechend Platz benötigte (Deshalb mein Tipp an kinderreiche Eltern: Bauen Sie sich doch auch mal hin und wieder ein nettes Schloss!).

In bestem Zustand befindet sich hingegen Burg Hülshoff: gepflegt, gediegen, durch und durch repräsentativ. Im 11. Jahrhundert zum ersten Mal erwähnt, entwickelt sich der Sitz im Laufe der Jahrhunderte zu einer typisch münsterländischen Zweiinsel-Anlage, bei der Ökonomie und höfischer Bereich in einer architektonischen Gesamtkonzeption zusammengebunden sind. Die Stirnseiten des zweiflügeligen Hauptgebäudes zieren typisch münsterländische Dreistaffelgiebel.

Dort erblickte Annette von Droste-Hülshoff im Januar 1797 das Licht der Welt. Zunächst kaum lebensfähig, schickte sich die junge Dame schon bald an, das altehrwürdige, dicke Gemäuer von innen zu sprengen. Denn was sich bis zu ihrem Umzug ins Rüschhaus im Jahre 1826 gerade auch an adelskritischen Anmerkungen ansammelte, war bei der Dichterin von »Der Knabe im Moor« zunächst nicht zu vermuten.

Diese Kritik entzündete sich selbstverständlich an den Begrenzungen, die ihr der eigene Stand auferlegte. Eine Dame – zumal eine adelige – hatte keine dichterischen Ambitionen zu haben. Zu ihrer Zeit gab es ganz klare Vorstellungen darüber, was eine Frau zu tun und zu lassen habe, und wie überhaupt das Geschlechterverhältnis geregelt werden müsse. Zitieren wir hier nur kurz einen Satz aus dem Werk »Adliges Landleben« des österreichischen Landadeligen Wolf Helmhard von Hohberg, das die Droste in ihrem Prosawerk »Bei uns zu Lande auf dem Lande« eher beiläufig erwähnt. In diesem 1682 erstmals erschienenen Regularium finden sich folgende interessante Passagen: »Des Mannes Herrschafft über das Weib, ist gleichsam ein kleines Contrefait der Herrschafft Gottes über den Menschen.« Diese Herrschaft müsse allerdings milde ausgestaltet werden: »Ein Ehe-Weib ist gleichsam ein edles Perlein, so, durch den sauren Essig eines gar zu ungestümen Ernstes, leichtlich kann verderbet werden.« Also müsse der Hausvater »mehr gelind, als scharff, mehr ernsthafft, als tyrannisch, und mehr wolgewollt, als gefürchtet zu seyn sich befleissen«.

So etwas konnte die Droste von ihrem ganzen Naturell her nicht für gut befinden. Hatte sie doch schon von Kindesbeinen an ganz entgegengesetzte Erfahrungen gemacht. So schreibt sie – nur leidlich in Form einer Erzählung kaschiert – über die Beziehung der Eltern zueinander: »... es ist höchst angenehm dieses Verhältnis zu beobachten; ohne Frage steht diese Frau geistig höher, als ihr Mann, aber selten ist das Gemüt so vom Verstande hochgeachtet worden; sie verbirgt ihre Obergewalt nicht, wie schlaue Frauen wohl tun, sondern sie ehrt den Herrn wirklich aus Herzensgrunde, weiß jede klarere Seite seines Verstandes, jede festere seines Charakters mit dem Scharfsinn der Liebe aufzufassen und hält die Zügel nur, weil der Herr eben zu gut sei, um mit der schlimmen Welt auszukommen.« Hier wird auf hintergründige Weise Hohbergs milde Herrschaft des Hausvaters in die milde Herrschaft der Hausregentin verwandelt.

Die Droste hatte also die Möglichkeiten weiblicher Eigenständigkeit sozusagen mit der Muttermilch aufgesogen. Hinter den dicken Mauern von Burg Hülshoff entwickelte die junge Dame im Jahre 1813 die Alpen zum Inbegriff der persönlichen Emanzipation. Dieser erste dramatische Versuch mit dem Titel »Bertha oder die Alpen« wurde nie vollendet. Die sich entfaltende Dichterin verliert jedes Interesse an einem Werk, das Ausdruck und Instrument ihrer Entfaltung hätte werden können. Und genau das kennzeichnet einen typischen Zug der Dichterin. Bei ihr ist kein euphorischer Aufschwung ohne Resignation, kein Alpenaufstieg ohne -abstieg zu haben. Lesen wir unter diesem Gesichtspunkt einige Passagen aus dem fulminanten Gedicht »Unruhe«, das 3 Jahre später entstand.

Zunächst der Aufstieg: »O!, ich möchte wie ein Vogel fliehen / Mit den hellen Wimpeln möcht ich ziehen / Weit, o weit wo noch kein Fußtritt schallte / Keines Menschen Stimme widerhallte / Noch kein Schiff durchschnitt die flüchtge Bahn.« Der Abstieg folgt auf dem Fuße: »Laß uns heim vom feuchten Strande kehren / Hier zu weilen, Freund, es tut nicht wohl, / ... / Fesseln will man uns am eignen Herde! / Unsre Sehnsucht nennt man Wahn und Traum / Und das Herz, dies kleine Klümpchen Erde / Hat doch für die ganze Schöpfung Raum!«

Diese Auf- und Abbewegung durchzieht ihr Werk und findet einen späten Nachhall in ihren Worten: »Nicht würdig sind wir beßrer Tage, / Denn wer nicht kämpfen mag der trage! / Dulde wer nicht zu handeln weiß!«

Wir halten also fest: Obwohl die Droste unter den Begrenzungen des eigenen Standes zu leiden hatte, hat sie sich öffentlich nicht dagegen aufgelehnt, geschweige denn sich am »Befreiungskriege der Menschheit« (Heine) beteiligt. Und doch hat sie – zunächst auf Hülshoff, dann im Rüschhaus, zuletzt in Meersburg – beharrlich die Chancen und Gefahren menschlicher Freiheit mit einer sehr verfeinerten Sensorik ausgelotet. Und hat so am Ende doch noch den Gipfel erstürmt, von dem sie niemand mehr wird vertreiben können. Nicht mal sie selbst.

Dichtung und Wahrheit

Epilog

Als Münsterländer ist man ja tief erschüttert über die unentwegten Schockwellen, die der Streit um die Droste hier vor Ort verursacht. Geht es doch um die wirklich weltbewegende Frage, welcher münsterländischen Gemeinde die Dichterin wirklich gehört: Havixbeck oder Roxel. Beide führen gute Gründe ins Feld: Eingetragen ist Fräulein Nette in das Taufbuch des Kirchspiels St. Pantaleon zu Roxel. Postalisch gehört Burg Hülshoff aber – seit der Gebietsreform in 1975 – zu Havixbeck. Es ist wie mit der einzigen Dorfschönheit inmitten einer Horde liebestoller Bauernlümmel: Jeder will sie.

Eine Schönheit allerdings, die immer häufiger ihre angestammte Heimat verließ und sich zunehmend an die schwäbische Pfütze – den Bodensee – verkrümelte. Das ist einer der Gründe, warum in diesem Buch immer wieder das Schwäbische durchscheint. Der zweite Grund ist biografischer Natur: Ich bin seit nunmehr über 8 Jahren mit einer waschechten Schwäbin liiert. Logisch, dass so etwas auf die eigene Arbeit abfärbt. Und sie, das lebhafte Sonnenkind, versichert mir immer wieder glaubhaft, dass sie mit uns, diesen so träge dahinziehenden Schlechtwetter-Wolken, bestens klarkomme: Man müsse nur genug aus sich selbst heraus strahlen, und jeder Dunst löse sich wie von Geisterhand auf. Die Selbstverständlichkeit, in der sie mir ihre Überzeugung immer wieder vortrug, nährte in mir die Hoffnung, dass von dem, was man uns Münsterländern so alles nachsagt, weit weniger als die Hälfte wahr sei. Darum dieses Buch.

Und darum unsere – meiner Schwäbin und meine – gemeinsamen Versuche, auf unsere ganz eigene Weise den hiesigen Tourismus anzukurbeln. So überredeten wir ihren Bruder mitsamt der Liebsten, die bis dato den Boden des Münsterlandes niemals betreten hatten, uns doch endlich einmal zu besuchen. Wie wir uns den Mund fuselig redeten: Nein, die Münsterländer sind gar nicht so stur! Und nein, die Münsterländer sind gar nicht so kurz angebunden!! Und nochmals nein, die Münsterländer haben endlich ihre Lektion gelernt und benötigen zum Lachen des Kellers nicht mehr!!!

Und so machten sich Bruder und Freundin mit offener Seele von den Höhen der schwäbischen Alb auf den Weg in unsere Niederungen. Es waren wirklich schöne Tage, die wir zusammen verbrachten. Die Sonne lachte vom Himmel herab, die Münsterländer lachten zurück, und alles war prima und leicht. Einmal gingen wir vier nebeneinander durch Münsters Fußgängerzone, die bei uns deshalb so heißt, weil sie ausschließlich Fußgängern vorbehalten ist. Deshalb waren wir irritiert, als uns ein schriller Klingelton von hinten anfiel – begleitet von der plattdeutschen Aufforderung: »Bisite, bisite!« (»Zur Seite, zur Seite!«). Als wir uns umschauten, erblickten wir einen dicken, älteren Mann auf einem Fahrrad, der Platz genug gehabt hätte, uns zu umkurven. Offensichtlich glaubte er jedoch, ein natürliches Anrecht auf die Ideallinie zu haben, und sprengte unsere Gruppe auseinander. Als er hindurch war, drehte er sich noch einmal um und brummelte: »Papstoffels!«

Obwohl unsere Gäste diese Worte nicht entschlüsseln konnten, war die Botschaft klar. Deshalb schauten uns beide entgeistert an. Ja, sie hatten recht: Da war er wieder, der gemeine Münsterländer, und brachte jene Potemkinschen Fassaden zum Einsturz, die wir zuvor mit so viel Mühe um ihn herum aufgebaut hatten. Nun halfen keine Engelszungen mehr: Die Wirklichkeit war in das noch immer vorhandene Stereotyp eingerastet und dort nun nicht mehr herauszulösen. Und ich beginne am Ende des Buches darüber nachzudenken, ob nicht von dem, was man uns Münsterländern so alles nachsagt, vielleicht doch *mehr* als die Hälfte wahr sei.

Was ist Dichtung, was ist Wahrheit? In Bezug auf meine Landsleute vermag ich zuweilen Wahr und Falsch wirklich nicht mehr zu scheiden …

Nachweise

[Seite 11]
- *We stödd mi dao?* – Röllecke, Heinz: Sagen aus Westfalen, Reinbek 1995, S. 14. (Künftig zitiert: Röllecke).
- *Charakter von bald beschaulicher …* – Alle Werk-Zitate der Dichterin folgen der Ausgabe: Droste-Hülshoff, Annette von: Sämtliche Werke in zwei Bänden, herausgegeben von Bodo Plechta und Winfried Woesler, Frankfurt/M.: Insel Verlag 2004 (Künftig zitiert: Werke). Hier: Werke, Bd. II, S. 63.
- *herbe, verschlossene Wesen* – Bermich, Walther, und Willy Leson: Das Münsterland. Städte, Kirchen, Wasserburgen in den Landschaften zwischen der Lippe, Holland und dem Teutoburger Wald, Köln: Pachem 1977, S. 11.

[Seite 13]
- *widerhaarige Natur* – Alle Brief-Zitate der Dichterin folgen der Ausgabe: Droste-Hülshoff, Annette von: Sämtliche Briefe. Historisch-kritische Ausgabe, herausgegeben von Winfried Woesler, München: dtv 1996 (Künftig zitiert: Briefe). Hier: Briefe, Briefe 1843 – 1848, S. 7.
- *kleine Nette* – Werke, Bd. II, S. 665.
- *… es mag mir mitunter schaden …* – Briefe, Briefe 1843 – 1848, S. 136.

[Seite 15]
- *Mineralien, Versteinerungen, Muscheln …* – Briefe, Briefe 1805 – 1838, S. 163.

[Seite 17]
- *Ich bin ein Westphale …* – Werke, Bd. II, S. 161.

[Seite 18]

- *starkgebaute, kerngesunde schöne Gestalten ...* – Rolevinck, Werner: Das Buch zum Lobe Westfalens, herausgegeben von Anneliese Straub, Münster: Aschendorff Verlag 2002. (Künftig zitiert: Rolevinck).
Hier: Rolevinck, S. 19.
- *als alle Tiere und andere Schätze ...* – Rolevinck, S. 19.

[Seite 19]

- *Widukind war der tapferste Gegner Karls ...* – Rolevinck, S. 59.

[Seite 20]

- *Denn hier, meinte der königliche Bettler ...* – Röllecke, S. 27 f.
- *Den Ruhm, mein liebes Sachsenland ...* – Rolevinck, S. 71.

[Seite 21]

- *schwankend in sich selbst* – Werke, Bd. I, S. 356.
- *Meine Lieder werden leben ...* – Werke, Bd. I, S. 389.

[Seite 26]

- *in goede(n) platten duytsche* – Sanders, Willy: Sachsensprache, Hansesprache, Plattdeutsch. Sprachgeschichtliche Grundzüge des Niederdeutschen, Göttingen: Vandenhoeck & Ruprecht 1982, S. 26.
- *Ausländer eine ächt vaterländische Aneckdote* – Briefe, Briefe 1839 – 1842, S. 100.
- *Eingebohrne, da ihm die Buchstabenfügung zu fremd* – Briefe, Briefe 1839 – 1842, S. 100.
- *Blage* – Briefe, Briefe 1805 – 1838, S. 95.
- *Baasjunge* – Briefe, Briefe 1839 – 1842, S. 315.

[Seite 27]
- *klatrig* – Briefe, Briefe 1839 – 1842, S. 316.
- *Ach Gott! Was war der lustige Laps ...* – Briefe, Briefe 1843 – 1848, S. 294.
- *zwischen Bauren aufgewachsen* – Briefe, Briefe 1839 – 1842, S. 100.
- *selbst eine starke Baurenader* – Briefe, Briefe 1839 – 1842, S. 100.
- *O Herr! Wat beduurt se mi ...* – Briefe, Briefe 1805 – 1838, S. 300.
- *... was sagst du zu diesem Omen? ...* – Briefe, Briefe 1805 – 1838, S. 300.

[Seite 28]
- *... ich wollte die Herrn dächten auch zuweilen ...* – Briefe, Briefe 1843 – 1848, S. 202.

[Seite 29]
- *wunderbarlich und ängstlich ...* – Brief Wilhelm Grimms vom 12. Januar 1814 an Ludowine von Haxthausen, zitiert nach: Beuys, Barbara: Blamieren mag ich mich nicht. Das Leben der Annette von Droste-Hülshoff, München: Piper Verlag 2004, S. 141. (Künftig zitiert: Beuys).
- *wollte beständig brillieren und kam von einem ins andere* – Brief Wilhelm Grimms vom 28. Juli 1813 an Jacob Grimm, zitiert nach: Beuys, S. 140.
- *Unwille* – Briefe, Briefe 1805 – 1838, S. 3.

[Seite 30]
- *Märchen, Lieder und Sagen, Sprüche usw. wissen sie die Menge* – Brief Wilhelm Grimms vom 28. Juli 1813 an Jacob Grimm, zitiert nach: Beuys, S. 139.

[Seite 31]
- *Von keines Herdes Pflicht gebunden* – Werke, Bd. I, S. 327.

[Seite 32]
- *dat was Grinken-Schmidt sien Broden* – Röllecke, S. 56.

[Seite 33]
- *Dat ji mi nu nich wier beruht gaohet!* – Röllecke, S. 68.
- *Scholastika, Scholastika, ick wull dat die der Düwel höll!* – Röllecke, S. 88.

[Seite 34]
- *ein sieben Stunden langer Wald* – Röllecke, S. 98.
- *stundenweit durch die Luft fortgeschleudert* – Röllecke, S. 96.
- *Sobald der Tag sich neigt …* – Röllecke, S. 97.
- *mit schrecklichem Gebraus* – Röllecke, S. 110.
- *Des Nachts …* – Röllecke, S. 92.

[Seite 35]
- *Düwelkes* – Röllecke, S. 124.
- *Der Münsterländer ist überhaupt sehr abergläubisch …* – Werke, Bd. II, S. 97.

[Seite 37]
- *bis zum Schauen oder mindestens deutlichem Hören …* – Werke, Bd. II, S. 98.

[Seite 38]
- *ohne daß man den Ursprung desselben aufzufinden imstande war* – Röllecke, S. 72 f.
- *Nichts zeigt die reiche, kindlich frische Phantasie …* – Werke, Bd. II, S. 189.

[Seite 39]

- *weißmondirte ... grünmondirte* – Jahrbuch der Droste-Gesellschaft. Westfälische Blätter für Dichtung und Geistesgeschichte, hg. von Clemens Heselhaus, Münster: Regensberg Verlag 1959. Band III, S. 110. (Künftig zitiert: Droste-Jahrbuch 1959, Band III).
- *Trouppen von mehrerley unterschiedenen Uniformen* – Droste-Jahrbuch 1959, Band III, S. 115.
- *Im Monat Märtz 1803 wohnte am Prinzipalmarckt ...* – Droste-Jahrbuch 1959, Band III, S. 116.

[Seite 40]

- *In der Nähe von Horstmar ...* – Röllecke, S. 138.
- *Vorgeschichte (Second sight)* – Werke, Bd. I, S. 217.
- *schreibt sein Testament in der Nacht* – Werke, Bd. I, S. 221.

[Seite 42]

- *den Swatten* – Röllecke, S. 119.
- *un de Spöükenkieker hät wiër Recht kriëgen* – Röllecke, S. 119.
- *überall auf notorisch damit Behaftete trifft ...* – Werke, Bd. II, S. 98.

[Seite 43]

- *Komm Liebes Hähnchen komm heran* – Werke, Bd. I, S. 586.
- *Brenne mich in Leidensflammen rein* – Werke, Bd. I, S. 378.
- *Regen – Regen – nichts wie Regen* – Briefe, Briefe 1839 – 1842, S. 170.

[Seite 44]

- *Wenn ich nach dem hiesigen Wetter rechne ...* – Briefe, Briefe 1839 – 1842, S. 240.
- *kothig* – Briefe, Briefe 1839 – 1842, S. 375.

- *Ich bin seit Ostern hier …* – Briefe, Briefe 1839 – 1842, S. 31.
- *Gott gebe Morgen gutes Wetter …* – Briefe, Briefe 1839 – 1842, S. 33.
- *Der Himmel wird ja wohl endlich ein Einsehn haben …* – Briefe, Briefe 1839 – 1842, S. 34.

[Seite 45]
- *Ihren lieben langen Brief, meine gute Elise …* – Briefe, Briefe 1839 – 1842, S. 105.
- *… seit es draußen kalt und kothig geworden ist …* – Briefe, Briefe 1839 – 1842, S. 375.

[Seite 47]
- *Wellige, hügelige und sogar bergige Gebiete …* – Pollmann, Bernhard: Münsterland. 100 Schlösser Route, München: Bruckmann Verlag 2002, S. 12.
- *die so anmutig ist, wie der gänzliche Mangel …* – Werke, Bd. II, S. 65.

[Seite 50]
- *Wenn Weiber über ihre Sphäre steigen …* – Werke, Bd. II, S. 453.
- *zu ihrem Vortheil sehr verändert* – zitiert nach: Beuys, S. 213.
- *sich jetzt nur von einer wirklichen guthmütigen und liebenswerten Seite* – zitiert nach: Beuys, S. 213.

[Seite 51]
- *Convenienzen* – Briefe, Briefe 1839 – 1842, S. 390.
- *ist eine der schwersten Aufgaben …* – zitiert nach: Beuys, S. 215.
- *nie auf den Effect zu arbeiten …* – Briefe, Briefe 1843 – 1848, S. 89.

- *Mergelgrube* – Werke, Bd. I, S. 50.
- *... was meinen Sie, wenn ein Mensch mahl ...* – Briefe, Briefe 1839 – 1842, S. 66.

[Seite 53]
- *Der Fußweg, welcher vom Bagno nach Münster führt ...* – Schücking, Levin und Ferdinand Freiligrath: Das malerische und romantische Westphalen, zweite umgearbeitete Auflage, Paderborn: Schöningh Verlag 1872, S. 177. (Künftig zitiert: Romantisches Westphalen).

[Seite 54]
- *O, du bist immer schön, Natur!* – Werke, Bd. II, S. 218.
- *Doch dem, der Hertha's Bild gegrüßt ...* – Werke, Bd. II, S. 218.
- *Seht, wie das arme Tier sich müht ...* – Werke, Bd. II, S. 246.

[Seite 55]
- *Sie bewohnte eine Reihe kleiner und niedriger Entresolzimmer ...* – Schücking, Levin: Annette von Droste. Ein Lebensbild, 2. Auflage, 1942, S. 67.

[Seite 59]
- *Bande von Holzfrevlern* – Werke, Bd. II, S. 29.
- *Blaukittel* – Werke, Bd. II, S. 29.
- *trotz aller Wachsamkeit bisher nicht möglich gewesen ...* – Werke, Bd. II, S. 29.

[Seite 60]
- *runden Tragkörben, Kiepen nennt man sie hierzulande* – Rolevinck, S. 87.
- *Kommt heraus, liebe Frau, und schenkt uns Eier* – Rolevinck, S. 87.

[Seite 62]
- *über das Innere der Kirche und Sakristey ...* – Briefe, Briefe 1805 – 1838, S. 98 f.

[Seite 65]
- *Falchovarii* – Geschichte der Stadt Münster, hg. von Franz-Josef-Jacobi, Bd. 1, Münster: Aschendorff 1993, S. 9.

[Seite 67]
- *auf die Post gegeben zu viel Porto ...* – Briefe, Briefe 1843 – 1848, S. 377.

[Seite 69]
- *als ob sie mit mir lachten* – Grimmelshausen, Hans Jakob Christoffel von: Der Abenteuerliche Simplicissimus Teutsch, München: Deutscher Taschenbuch Verlag [14]1997, S. 199. (Zukünftig zitiert: Grimmelshausen).
- *Das Paradeis fanden wir, wie wirs begehrten ...* – Grimmelshausen, S. 190.

[Seite 70]
- *tritt an einem Nachmittage in das Haus der Gesuchten ...* – Werke, Bd. II, S. 92 f.

[Seite 71]
- *Mein Fritz lebt nun im Vaterland der Schinken ...* – Heine, Heinrich: Sämtliche Gedichte in zeitlicher Folge, Frankfurt/M.: Insel Verlag [4]1996, S. 57.
- *Amor, nicht das Kind, der Jüngling ...* – Goethe, Johann Wolfgang: Sämtliche Werke, Bd. 1: Gedichte 1756 – 1799, Frankfurt/M.: Deutscher Klassiker Verlag 1987, S. 704.

[Seite 73]
- *todte Natur drängt die Gedanken des Menschen ...* – Ro-

mantisches Westphalen, S. 165.
- *ihn in die Tiefe, wo des Wunderbaren so viel liegt* – Romantisches Westphalen, S. 165.
- *Weltanschauung, deren Centrum der liebe Gott* – Romantisches Westphalen, S. 166.

- *keine Viertelstunde über den rothglühenden Wolken der Abendsonne* – Romantisches Westphalen, S. 166.
- *Art von stiller entsagungsvoller Poesie* – Romantisches Westphalen, S. 166.

[Seite 76]
- *Ich gestehe es, ich war dabei* – Kehrer, Jürgen: Störfaktor Kunst, in: skulptur projekte münster 07, no. 1, S. 17.

[Seite 80]
- *kräftiges, gut gebautes, gängiges Reit-, Wagen- und Arbeitspferd* – Stoffregen-Büller, Michael: Die Heimat der Hengste. 175 Jahre Warendorfer Landgestüt, Münster: Landwirtschaftsverlag 2001, S. 72.

[Seite 83]
- *das größte und letzte Kuscheltier* – »... so frei, so stark ...«. Westfalens wilde Pferde, hg. von Cordula Marx und Agnes Sternschulte, Essen: Klartext Verlag 2002, S. 168.
- *Madämchen* – Briefe, Briefe 1839 – 1842, S. 311.

[Seite 84]
- *lieber Himmel! warum habe ich einen so schönen Tag ...* – Briefe, Briefe 1839 – 1842, S. 299.
- *Endlich ein Brief von dem kleinen Pferde* – Briefe, Briefe 1839 – 1842, S. 349.
- *... friß mich nicht, kleines Pferd* – Briefe, Briefe 1839 – 1842, S. 354.

- *Sie sind doch ein gar liebes kleines Pferdchen* – Briefe, Briefe 1839 – 1842, S. 381.
- *mit allerlei physischen Dingen in Rapport steht* – zitiert nach: Kraft, Herbert: Annette von Droste-Hülshoff, Reinbek: Rowohlt Taschenbuch Verlag, ^{5}2003, S. 95.

[Seite 85]
- *... das Vergehen und nie so Wiederkommen ist etwas Schreckliches* – Briefe, Briefe 1839 – 1842, S. 310.

[Seite 87]
- *Gänzlich abgeneigt, sich ungesetzlichen Handlungen anzuschließen – Werke, Bd. II, S. 100.*

[Seite 88]
- *absolut sehenswerte Schlösser und Burgen* – vgl. www.muensterland-tourismus.de

[Seite 91]
- *Des Mannes Herrschafft über das Weib ...* – zitiert nach www.deutsches-museum.de.
- *Ein Ehe-Weib ist gleichsam ein edles Perlein ...* – zitiert nach www.deutsches-museum.de.
- *mehr gelind, als scharff, mehr ernsthafft, als tyrannisch ...* – zitiert nach www.deutsches-museum.de.
- *es ist höchst angenehm dieses Verhältnis zu beobachten ...* – Werke, Bd. II, S. 177 f.

[Seite 92]
- *O!, ich möchte wie ein Vogel fliehen ...* – Werke, Bd. I, S. 596.
- *Laß uns heim vom feuchten Strande kehren ...* – Werke, Bd. I, S. 597.
- *Nicht würdig sind wir beßrer Tage ...* – Werke, Bd. I, S. 338.

- *Befreiungskriege der Menschheit* – *Heine, Heinrich: Sämtliche Schriften in 12 Bänden, hg. von Klaus Briegleb, Bd. 3: Schriften 1822* – 1831, S.382.

Mein herzlicher Dank für die zahlreichen Tipps und Anregungen geht an Martin Elsbroek, Michael Heeke, Aloys Kohnen, Nicole Kuhnke, Thomas Ottensmann und Martina Schmitz.